Norbert Reck

Kein anderes Ufer

Norbert Reck

Kein anderes Ufer

Die Erfindung der Homosexualität
und ihre Folgen
Anstoß zu einer notwendigen Debatte

Matthias Grünewald Verlag

VERLAGSGRUPPE PATMOS

PATMOS
ESCHBACH
GRÜNEWALD
THORBECKE
SCHWABEN
VER SACRUM

Die Verlagsgruppe
mit Sinn für das Leben

MIX
Papier | Fördert gute Waldnutzung
FSC® C083411
www.fsc.org

Klimaneutral
Druckprodukt
ClimatePartner.com/14549-2003-1001

Die Verlagsgruppe Patmos ist sich ihrer Verantwortung gegenüber unserer Umwelt bewusst. Wir folgen dem Prinzip der Nachhaltigkeit und streben den Einklang von wirtschaftlicher Entwicklung, sozialer Sicherheit und Erhaltung unserer natürlichen Lebensgrundlagen an. Näheres zur Nachhaltigkeitsstrategie der Verlagsgruppe Patmos auf unserer Website www.verlagsgruppe-patmos.de/nachhaltig-gut-leben

Verlagsgruppe Patmos in der Schwabenverlag AG, Ostfildern
www.gruenewaldverlag.de

Umschlaggestaltung: Finken und Bumiller, Stuttgart
Gestaltung, Satz und Repro: Schwabenverlag AG, Ostfildern
Druck: CPI books GmbH, Leck
Hergestellt in Deutschland
ISBN 978-3-7867-3357-7 (Print)
ISBN 978-3-7867-3359-1 (eBook)

Inhalt

I
Die Hölle der Abstraktionen

> »Die meisten Menschen sind jemand anderes.«
> *Oscar Wilde*

Nach landläufiger Meinung ist die Sache mit der Homosexualität inzwischen in trockenen Tüchern. Wer heute etwas auf sich hält, hält nichts von der Diskriminierung sogenannter »homosexueller« Menschen. Sind doch nette Nachbarn, sportliche Mädels, die Rennräder reparieren können, gutangezogene Jungs mit sauber gestutzten Dreitagebärten; sie sind bloß anders und sollen es sein dürfen. Die westlichen Staaten öffnen nach und nach die Ehe für sie und stellen Gleichberechtigung her. Nur ein paar Religionsgemeinschaften und Rechtsextreme machen noch unnötig Theater.

Ist es nicht so? Die Mehrheit hält sich für tolerant und ist stolz darauf. Die Welt besteht anscheinend aus Heterosexuellen und Homosexuellen, und damit muss man leben können, nicht wahr? Gibt es irgendwo noch ein Problem?

Ich fürchte, schon. Der Sexualwissenschaft zumindest ist es nie gelungen, eine Gruppe von lupenreinen Homosexuellen aufzutreiben, um deren Verhalten studieren zu können. Und noch schwieriger wurde es regelmäßig, wenn man eine »saubere« Kontrollgruppe von Heterosexuellen suchte, um die Unterschiede zwischen den Gruppen festzuhalten. Immer gerieten Leute dazwischen, die sich nicht zuverlässig an die Verhaltensnorm »ihrer« Gruppe hielten. Und manche wechselten ihre sexuellen Vorlieben im Lauf ihres Lebens auch mal komplett. Sind sie dann mit »homosexuell« oder »heterosexuell« treffend charakterisiert? Oder sind sie doch »jemand anderes«, wie Oscar Wilde sagte?

Anders gefragt: Gibt es die beiden Gruppen in dieser Eindeutigkeit überhaupt? Werden mit diesen Begriffen die Unterschiede zwischen den Menschen nicht eher herbeidefiniert? Vor allem in Verbindung mit der populären Vorstellung, dass die Ursache dafür »in den Genen« liege? Und wenn man sagt: »Manche sind eben anders, aber das ist okay« – ist das noch Toleranz oder schon Diskriminierung? Oder ist das inzwischen dasselbe?

In diesem Buch möchte ich der Frage nachgehen, woher es kommt, dass wir in unserer Kultur offenbar so interessiert daran sind, die Menschen verschiedenen sexuellen Sorten zuzuteilen (in anderen Kulturen kennt man das weniger). Ich möchte untersuchen, wie die Begriffe »Homosexualität« und »Heterosexualität« entstanden sind, woher der Hass mancher Menschen auf die »Homosexuellen« kommt und warum es anderen wiederum so wichtig ist zu erklären, dass im Grunde alle »okay« sind, *nachdem* man einen Teil der Menschheit erstmal für anders erklärt hat.

Es ist ja ziemlich gewagt, die Milliarden Menschen, die auf diesem Planeten leben und die alle ihr eigenes und unverwechselbares Leben führen – mit den unterschiedlichsten Vorlieben, Träumen und Daseinsweisen –, einfach in zwei Gruppen einzuteilen: in Heterosexuelle und Homosexuelle (und allenfalls noch ein paar Bisexuelle). Ziemlich abstrakte Konzepte, wenn man an die Vielfalt der Menschen denkt.

Von dem bosnischen Schriftsteller Dževad Karahasan (1953–2023) habe ich gelernt, dass es wichtig ist, einen Blick für die Spannungen zwischen dem Konkreten und dem Abstrakten zu entwickeln. Karahasan sprach vor einigen Jahren im Bayerischen Landtag in München. Ihm ging es nicht um Sexualität. Sein Thema waren die Missverständnisse der Menschen im Westen hinsichtlich des verheerenden Krieges, der in den 1990er-Jahren in Bosnien und Herzegowina stattgefunden hatte. Er fand, dass westliche Journalisten, Politiker und Besucher dazu neigten, sein Land durch die Brille abstrakter Konzepte zu sehen. Sie redeten meist von »religiösen« und »ethnischen« Konflikten, von Auseinandersetzungen zwischen »den« Serben, »den« Bosniaken und »den« Kroaten.

Auf diese Weise aber – so Karahasan – löst sich die Realität auf; es kommt zu einer totalen Vereinfachung, in der die Wirklichkeit durch eine Art »Unwirklichkeit« ersetzt wird: Am Ende gibt es nur noch ethnische Gruppierungen, die einander – anscheinend zwangsläufig – als Feinde gegenüberstehen. Die einzelnen Personen und ihre jeweiligen Geschichten verschwinden. Nur Zugehörigkeiten und Gruppenidentitäten bleiben übrig. Karahasan sagte damals: »Im öffentlichen Diskurs über Bosnien gab es keine einzelnen Menschen mehr, keine Bürger und Namen, keine Körper und Einzelschicksale – und dabei starben in Bosnien, wie überall, wo gestorben wird, nur einzelne Menschen.«[1]

Abstrakte Begriffe verstellen den Blick auf die konkrete Wirklichkeit. Zum Beispiel, dass etliche gemischte kroatisch-serbische Paare immer gut in Bosnien zusammengelebt haben. Zum Beispiel, dass viele serbische Einwohner von Sarajevo die Jahre der Belagerung (durch serbische Truppen) gemeinsam mit ihren Mitbürgern durchgestanden haben, mit demselben Mangel an Nahrung und Wasser, unter denselben Gefahren. Und zum Beispiel, dass manche bosniakische (muslimische) Familien verwaiste kroatische (katholische) Kinder bei sich aufnahmen und für sie sorgten.

Sobald diese Einzelgeschichten nicht mehr gesehen und nicht mehr erzählt werden, landen wir in der Hölle – in der »Hölle der Unwirklichkeit«, wie Karahasan sagt. Dann ist unsere konkrete Wirklichkeit gegenüber den abstrakten Begriffen bedeutungslos. Wir nehmen einander nicht mehr als Menschen wahr, sondern als Repräsentanten von Gruppen. Die Bezeichnungen »Bosniake«, »Serbe« und »Kroate« definieren dann, zu welcher Seite jemand gehört: je nach Perspektive zu den Guten oder zu den Bösen.* Der Begriff fällt ein Urteil über die so bezeichneten Menschen, ganz gleich, wie sie ihr Leben tatsächlich leben.

Für Außenstehende kann das praktisch sein. Man kann die unübersichtliche Welt mit Begriffen ordnen, ohne sich davon irritieren zu lassen, dass diese Abstraktionen nur von fern mit der Wirklichkeit zu tun haben. Diejenigen aber, die auf diese Weise mit solchen Gruppenbegriffen etikettiert werden, empfinden dieses Eingeteiltwerden oft als verstörend oder verletzend.

Das gilt in ähnlicher Weise, wenn wir von »Homosexuellen« reden: Wir ordnen Menschen einer Gruppe zu, die durch ihr Anderssein definiert ist. Umgehend übernehmen Klischees die Regie des Denkens. Ganz gleich, ob wir sie dann verurteilen oder mit Wohlwollen betrachten – sie sind damit schon als »anders« qualifiziert. Sie sind zu einer Abstraktion geworden; ihr konkretes Leben – was sie mögen, was sie interessiert, was sie ablehnen – spielt für die Diskussion keine Rolle mehr. Wir meinen, schon zu wissen, womit wir es zu tun haben.

Und das hat nicht nur für die als homosexuell bezeichneten Menschen Konsequenzen, sondern auch für alle anderen. Die Begriffe zwingen *alle*, sich zuzuordnen: *Was bist du?* Homosexuell oder heterosexuell? Bist du einer von denen oder einer von uns? Von diesem oder vom anderen Ufer? In unserer Kultur wird von allen erwartet, darauf eine Antwort zu geben.

* Ich fürchte, es wird nichts besser, wenn wir diese Etiketten dann noch »gendern«, d. h. wenn wir zusätzlich von Bosniakinnen, Serbinnen und Kroatinnen sprechen. Eher wird damit das Schubladendenken bestätigt und noch erweitert. Ich bin ein Anhänger des angelsächsischen Feminismus, der die Unterschiede zwischen den Menschen und Geschlechtern sprachlich nicht zementieren will, sondern eine grundsätzliche Gleichbehandlung anstrebt. Nele Pollatschek hat es auf den Punkt gebracht: »Wer will, dass Männer und Frauen gleich behandelt werden, der muss sie gleich benennen.« Mehr dazu in ihrem Essay: *Deutschland ist besessen von Genitalien. Gendern macht die Diskriminierung nur noch schlimmer*, in: Tagesspiegel, 30. August 2020. Der Text ist unter seinem Titel leicht im Internet zu finden.

Solche Konzepte sind weder unschuldig noch neutral. Sie sagen uns, wie wir angeblich sind – oder wie wir zu sein haben. Sie ordnen uns Gruppen zu, zu denen wir vielleicht nicht unbedingt gehören wollen. Sie üben Macht über uns aus. Kurz: Sie führen uns in die Hölle der Abstraktionen.

Hier finden wir nur wieder heraus, wenn wir uns die Entstehungs- und Entwicklungsgeschichte dieser Konzepte bewusstmachen. Deshalb möchte in den folgenden Kapiteln – ohne Anspruch auf Vollständigkeit – einige Stationen dieser Geschichte ansprechen: von den ältesten biblischen Texten über bedeutende Veränderungen im Mittelalter bis zu den rasanten Umbrüchen im Denken seit Beginn der Moderne.

Als ich vor etlichen Jahren anfing, mich mit diesen Dingen zu beschäftigen, hielt ich »Homosexualität« noch für einen neutralen, wissenschaftlichen Begriff, mit dessen Hilfe man verschiedene Epochen der Geschichte untersuchen könne. Doch das war ein Irrtum. Gewiss hat es Sex und Liebe zwischen Menschen des gleichen Geschlechts zu allen Zeiten und in allen Kulturen gegeben, aber der Begriff »Homosexualität« ist eine spezielle Brille, mit der man die Geschichte mithilfe der modernen Vorstellung sieht, dass wir es bei den Menschen mit zwei von der Natur festgelegten Arten zu tun haben: solchen mit einer gleichgeschlechtlichen und solchen mit einer verschiedengeschlechtlichen »Veranlagung«. Und diese Brille verführt dazu, genau das zu finden, was man erwartet hat: Menschen, die ihrer Veranlagung gehorchen, welche unabänderlich über sie bestimmt. Man hat dann kein Auge dafür, dass die Menschen anderer Zeiten Sex nie so wahrgenommen haben – nicht den eigenen Sex, noch den der anderen. Und man wird blind für ihre anderen Denkweisen, ihre Lebensverhältnisse, ihr Rechtsempfinden und ihre Sinngebungen von Sex, Liebe und menschlichen Bindungen. Kurz: Mit der Brille »Homosexualität« sieht man nicht, was die Menschen anderer Zeiten tatsächlich beschäftigt hat. Zahlreiche Forscher ereilte genau dieses Schicksal.

Ein vergleichbares Phänomen beschreibt der Literaturwissenschaftler Edward W. Said in einem bahnbrechenden Werk mit dem Titel *Orientalismus*. Er zeigt darin, wie westliche Forscher ihre vermeintlich aufgeklärten Vorstellungen zum Maßstab machten, um die Gesellschaften und Kulturen des »Orients« zu beschreiben.[2] Überzeugt von der Überlegenheit der Moderne und des Westens, »entdeckten« sie zuverlässig einen minderwertigen, unterentwickelten Orient und waren blind für die erstaunlichen Realitäten, die sie dort hätten antreffen können.

Wenn wir uns diese Art der Blickverengung bewusst machen, können wir eine kritischere Sicht der Geschichte gewinnen. Plötzlich sprechen die notorischen Passagen der Bibel, die von den Kirchen als Belege für die Verurteilung von »Homosexualität« angeführt worden sind, von ganz anderen Dingen. Plötzlich werden erschreckende Manöver der Schuldverschiebung sichtbar. Und plötzlich lassen die liberalen Gesellschaften des Westens ihre Masken der Scheintoleranz fallen.

Davon möchte ich hier erzählen.[3] Mein Hauptaugenmerk werde ich darauf richten, wie sich das Denken über gleichgeschlechtlichen Sex in der christlich-abendländischen Kultur entwickelt hat. Ich tue dies nicht aus religiösen Gründen, sondern weil die christliche Kultur unser Denken in diesen Fragen bis heute beeinflusst. (Die ebenfalls mit dieser Geschichte in Verbindung stehenden Traditionen des Judentums und des Islams sind im Kontrast dazu besonders aufschlussreich; ich halte es aber für besser, wenn diese von Forschern dargestellt werden, die selbst in diesen Traditionen zu Hause sind.)[4]

Auf die offiziellen Erklärungen der Kirchen werde ich nur am Rande eingehen; daran haben sich schon genügend Menschen abgearbeitet. Es ist keine vergnügliche und nur wenig erkenntnisreiche Aufgabe, die Fehlschlüsse in kirchlichen Dokumenten zu analysieren. Und ehrlich gesagt scheinen mir andere Fragen interessanter.

Verzichten möchte ich von Anfang an auch auf die heute verbreitete Abkürzung LGBT. Ich verstehe schon, dass sie aus dem Bemühen kommt, den Begriff der »Homosexualität« hinter sich zu lassen und im Bereich der »sexuellen Minderheiten« niemanden zu vergessen: nicht die Lesben (L), nicht die Schwulen (engl. *Gays*, also G), nicht die Bisexuellen (B) und auch nicht die Trans-Leute (T). Aber gerade so wird den Menschen weiter zugemutet, sich bestimmten Kategorien zuzuordnen und sich auf die eine oder andere Weise für »anders« zu erklären. Etwas Abstrakteres als diese Buchstaben zur Bezeichnung von Menschen hat es nie gegeben. Befriedigend war das von Anfang an nicht; nach kurzer Zeit erschien das neue Raster auch schon zu eng, und man fügte den ursprünglichen Schubladen immer noch neue hinzu: LGBTIQ, LGBTIQA. Zuletzt setzte man ans Ende noch ein Pluszeichen als Platzhalter, falls jemand vergessen worden sein sollte – als seien die verschiedenen Begriffe heilige Namen, die über uns ausgerufen wurden und von denen keiner ausgelassen werden dürfe. Als komme es lediglich darauf an, für sich selbst die »richtige« Kategorie zu wählen, um erkannt und anerkannt zu werden. Ich sehe nicht, dass dieser Weg aus der Hölle der Abstraktionen herausführen könnte. Im Gegenteil: Er verstärkt das kategorisierende Denken immer noch mehr und macht die Menschen letztlich zu Geiseln ihrer Gruppen-Sonder-Identitäten.

Dass diese Einteilungen nicht dem wirklichen Begehren und den wirklichen Unterschieden unter uns Menschen entsprechen, dass sie unbrauchbar sind und wir sie auch nicht brauchen, wird, wie ich hoffe, im Verlauf der Gedankenschritte dieses Buchs deutlicher werden. Natürlich werden wir diese Kategorien nicht von heute auf morgen wieder loswerden, aber wie so oft fängt alles damit an, die Dinge erst einmal in einem anderen Licht zu betrachten. Und das kann dann vielleicht dazu führen, der bitterernsten Kategorisierungsmanie mit mehr Leichtigkeit und Humor entgegenzutreten.[5]

Wie von selbst ergaben sich für mich aus dem Gang durch die Geschichte auch neue theologische Perspektiven. Eine kleine Skizze davon bildet den Schluss dieses Buchs. Ich kann mein Theologesein – bei aller Frustration über kirchliche Fehldeutungen und Diskriminierungen – nicht verleugnen. Diejenigen, die sich dieses Buch eher aus kulturgeschichtlichem Interesse angeschafft haben, werden damit weniger anfangen können, aber ich hoffe, sie sehen es mir nach, dass sie trotzdem den vollen Ladenpreis für das Buch bezahlen mussten.

Von Herzen danken möchte ich allen, die mich zu diesem Buch ermutigt und mir mit Hinweisen und kritischen Kommentaren geholfen haben: Gregorio Miguel Acosta Hernández, Klaus-Peter Adam, Regina Ammicht Quinn, Dieter Bauer, Johannes Bucej, Volker Grunert, Marion Haass-Pennings, Felix Haibach, Claudia Janssen, Katharina von Kellenbach, Steven Langnas, Werner Lord, Ilse Müllner, Paul Petzel, Ilka Quindeau, Angelika Strotmann, Heinz-Jürgen Voß, Marie-Theres Wacker und Stefan Wimmer. Dass wir uns dabei nicht immer über alle Punkte einig wurden, versteht sich von selbst; unterschiedliche Perspektiven führen zu unterschiedlichen Standpunkten, doch das ist kein Mangel, sondern ein echter Schatz für weitere Gespräche. Selbstverständlich gehen alle im Buch verbliebenen sachlichen Irrtümer auf mein Konto.

Einen besonderen Dank möchte ich Zoran Grozdanov und Nebojša Zelič aussprechen, die mich 2014 zu einer Vorlesung an die Universität Rijeka in Kroatien eingeladen haben, den damals aktuellen Stand meiner Überlegungen vorzustellen. Dieses Buch ist im Grunde die überarbeitete und in vielen Punkten erweiterte Fassung meines dort gehaltenen Vortrags. Oft sind es solche Anstöße von Freunden, die uns dazu bringen, die nächsten Gedankenschritte zu wagen und mehr Klarheit zu finden. Das ist von unschätzbarem Wert, denn niemand schreibt ein Buch allein.

II
Die biblischen Texte: Von Sodom bis Paulus

> »Wir sind frei, zwischen Gut und Böse zu wählen; wir sind aber nicht frei von der Wahl.«[1]
> *Abraham Joshua Heschel*

1. Die Autorität der Bibel

Wenn jahrtausendealte Gesetzestexte aus Mesopotamien verbieten, dass Männer mit gleichrangigen Männern penetrativen Sex haben, kratzt uns das heute kein bisschen. Wenn aber »die Bibel« – anscheinend, angeblich – Sex zwischen Männern verbietet, ist das ein anderer Fall. Die Bibel ist der Grundtext aller christlichen Kulturen, von Russland bis Feuerland, von Melbourne bis Montreal. Über Jahrhunderte galt sie überall dort als das verbindliche, unabänderliche und heilige »Wort Gottes« und hat Kultur wie Gesetzgebung nachhaltig geprägt.

Und selbst wenn heute in den meisten Ländern staatliche Gesetzgebung und kirchliche Gebote weitgehend entkoppelt sind, werden in etlichen Staaten immer noch Schwule und Lesben unter Berufung auf die Bibel ins Gefängnis geworfen, hingerichtet, von Menschen, die sich als gläubige Christen verstehen, auf offener Straße zusammengeschlagen oder erschossen. Unter Jugendlichen, die sich in christlich geprägten Ländern gerade über ihre gleichgeschlechtlichen sexuellen Wünsche klar zu werden beginnen, ist die Zahl derer, die sich das Leben nehmen, weiterhin erschreckend hoch. Und Vertreter mancher Kirchen leisten vielerorts weiterhin entschlossen Widerstand, wenn irgendwo gleichgeschlechtliche Paare dieselben Rechte wie andere erhalten sollen – mit der Begründung, dass »die Bibel« das nicht erlaube.

Besonders kompliziert ist die gegenwärtige Situation vermutlich für Menschen, denen der christliche Glaube wertvoll und die Bibel heilig ist, die aber trotzdem nichts gegen ihre lesbischen Nachbarinnen oder den schwulen Kollegen in ihrer Firma haben. Aus der katholischen Kirche, aber auch in evangelikalen, pietistischen und anderen Freikirchen hören sie, dass diese Nachbarn und Bekannten in Sünde leben und ihnen Gottes Strafgericht drohe. »Müssen wir das wirklich glauben?«, fragen diese gläubigen Menschen oft Theologen wie mich oder Pfarrer, denen sie etwas mehr Offenheit zutrauen.

Grund genug, hier ein paar Überlegungen zur Autorität der Bibel und zum autoritären Bibelgebrauch anzustellen, bevor wir uns ansehen, was die biblischen Texte tatsächlich über Sex und Liebesbeziehungen zwischen Menschen des gleichen Geschlechts sagen.

Gerne erinnern Kirchenvertreter daran, dass die Bibel das »Wort Gottes« und deshalb für alle Christen verbindlich sei. Heißt das, dass diese Leute sich an alles halten, was in der Bibel steht? Keineswegs. Nie ist es jemandem gelungen, *alles* zu befolgen, was die Bibel »sagt«. Denn »die Bibel« sagt erst einmal gar nichts – sie redet wild durcheinander. Sie enthält Texte aus den unterschiedlichsten Zeiten, mit verschiedenen, einander oft widersprechenden Positionen, sodass es ganz und gar unmöglich ist, alles zu beherzigen, was da geschrieben steht.

Übrigens hat das auch niemals jemand ernsthaft versucht. Gerade Christen haben einen erstaunlich wählerischen Umgang mit den Geboten der Bibel. Schon manche Apostel haben von Neubekehrten nicht mehr die Einhaltung der jüdischen Speisegebote verlangt, obwohl sie wussten, dass diese für Jesus ein unverzichtbarer Teil der Tora (d. h. der biblischen Bücher Genesis, Exodus, Levitikus, Numeri und Deuteronomium) und ihm deshalb heilig waren (Mt 5,18).[2] Auch die Forderungen in Briefen des Apostels Paulus, dass Frauen sich zum Gebet verschleiern sollen (1 Kor 11,5) und in Gemeindeversammlungen nicht reden dürfen (1 Kor 14,34), waren keineswegs überall gültige Vorschriften. Und selbst die Anweisung, dass Sklaven sich »in Ehrfurcht ihren Herren unterordnen« sollten (1 Petr 2,18), auf die man sich in manchen amerikanischen Kirchen bis weit ins 19. Jahrhundert berufen hat, wurde schon länger von keinem Bischof mehr wiederholt.

Offenbar haben christliche Autoritäten die biblischen Gebote nie so streng gehandhabt, wie ihr Reden vom »Wort Gottes« glauben machen wollte. Und das ist auch in Ordnung. Jede Gemeinschaft entscheidet selbst, was für sie Bedeutung hat, was ihr »heilig« ist. Wenn sich die Zeiten ändern, muss auch neu bewertet werden dürfen, was in den Mittelpunkt der Botschaft gehört und was nicht. Sonst ist im Handumdrehen alles nur noch museal. (Auch im Judentum finden sich höchst lebendige Auseinandersetzungen darüber, wie biblische Texte im Licht anderer Zeiten zu verstehen sind: Der Talmud gibt eindrucksvoll Zeugnis davon. Und natürlich gibt es auch im Islam vergleichbare Diskussionen über die Auslegung des Korans.)

Christen sollten nicht so tun, als sei in ihren Kirchen alles, was in der Bibel steht, unumstößlich für alle Zeit gültig. Wenn kirchliche Würdenträger behaupten, sie seien in puncto Frauenpriestertum oder Homosexualität an die biblischen Weisungen gebunden und könnten »leider« nichts daran ändern, dann ist das pure Heuchelei. Sie verstecken sich hinter der Bibel und führen die göttliche Autorität ins Feld, um die Gültigkeit kirchlicher Normen zu begründen und Gehorsam einzufordern.

Dieser autoritäre Umgang mit der Bibel hat über die Jahrhunderte großen Schaden unter den Menschen angerichtet. Bei vielen entstand der Eindruck, dass es im Glaubensleben nur um die Frage gehe, was verboten und was erlaubt ist.

Das gilt selbst für die Auslegungen der liberalen Bibelwissenschaftler. Wenn diese zum Beispiel sagen, dass in den bekannten Bibelstellen über gleichgeschlechtliche sexuelle Handlungen andere Dinge gemeint seien als das, was wir in der Moderne unter »Homosexualität« verstehen, ist das sachlich durchaus korrekt. Aber wenn sie daraus den Schluss ziehen, dass »die Bibel« deshalb heutige gleichgeschlechtliche Lebensformen gar nicht *verbiete*, dann gehen auch sie unter der Hand davon aus, dass die Bibel ansonsten tatsächlich die Funktion habe, uns manches zu verbieten und manches zu erlauben. Damit bestätigen die liberalen Bibelwissenschaftler ebenfalls den Umgang mit der Bibel als einer über uns stehenden Autorität. Lediglich mit dem Unterschied, dass sie uns etwas mehr erlauben wollen als die Strenggläubigen. Gewollt oder ungewollt spielen so die einen wie die anderen der Vorstellung in die Hände, dass Glaube eine Art Unterwerfung unter Vorschriften sei, die wir befolgen müssten, um unser Seelenheil zu erlangen.

Ein solches Glaubensverständnis ist fatal: Die Unterwerfung unter eine äußere Instanz – auch wenn es die Bibel ist – stoppt das, was unser Menschsein ausmacht: das eigenständige Nachdenken über das, was uns als richtig oder falsch erscheint, das beständige »Mit-sich-selbst-Sprechen« (wie Hannah Arendt das nannte)[3]. Ohne ein solches inneres Gespräch gibt es kein eigenständiges Urteilen, kein ethisches Handeln, kein erwachsenes Menschsein. Christen, die nur nach biblischen Anweisungen fragen, denken nicht mehr darüber nach, was ihnen einleuchtet und was nicht, worin ihre Verantwortung besteht und worin nicht. Nach der Einschätzung des Psychoanalytikers Erich Fromm bleiben sie damit auf der Entwicklungsstufe eines etwa achtjährigen Kindes stehen.

Wer die Bibel *von vornherein* für verbindlich erklärt, wird kaum noch entdecken, was tatsächlich in ihr verhandelt wird – weil der Blick dann immer schon nach Geboten und Verboten sucht. Es ist eine Art Voreingenommenheit, die blind macht für Ungewohntes, Fremdes, Überraschendes. Wer sich dagegen im ständigen Gespräch mit sich und der Welt befindet, wird die Gedanken von anderen Menschen, aus anderen Kulturen und Zeiten als Anregung zum eigenen Nachdenken lesen. Auch biblische Texte können dann von Interesse sein – ob man ihnen zustimmt oder nicht. Entweder gewinnt man durch sie neue Perspektiven oder sieht sich bestätigt in den eigenen Auffassungen.

Liebe Leserin, lieber Leser,
gerne informieren wir Sie künftig über unsere Neuerscheinungen. Teilen Sie uns mit, für welche Themen Sie sich interessieren und schicken Sie einfach diese Karte zurück. Wenn Sie außerdem unsere Fragen auf der Rückseite beantworten, helfen Sie uns, zukünftig genau DIE Bücher zu machen, die Sie interessieren!

Darüber hinaus nehmen Sie an unserer **monatlichen Verlosung** teil! Die Gewinnerin/der Gewinner erhält Bücher zu den angekreuzten Themen im Wert von € 50,–

VORNAME / NAME

STRASSE / HAUSNUMMER

PLZ / ORT

Unsere AGBs samt Liefer- und Zahlungsbedingungen finden Sie unter www.verlagsgruppe-patmos.de

An die

VERLAGSGRUPPE PATMOS

Senefelderstraße 12
73760 Ostfildern

Auf die oft gestellte Frage gläubiger Menschen »Müssen wir das wirklich glauben?« wäre also die erwachsene Antwort: Wir *müssen* gar nichts glauben. Wir sind frei. Wir glauben, was uns glaubwürdig erscheint. Alles andere richtet Schaden an.

Heißt das, dass an der Bibel mithin nichts Heiliges ist? Ich will es mal so sagen: Was als »objektiv heilig« daherkommt, sollte so nüchtern geprüft werden wie alles andere. »Heilig« ist eigentlich ein Ausdruck der Beziehung: Heilig ist etwas, das für mich Bedeutung hat, wertvoll ist, wahr ist. Wenn eine Gemeinschaft sagt: »Dieser Text ist uns heilig«, kann ich das als Empfehlung verstehen, aber es führt kein Weg daran vorbei, dass ich kläre, ob jener Text auch für mich heilig ist. Diese Entscheidung nimmt mir niemand ab. Ganz gleich, ob es sich um die *Allgemeine Erklärung der Menschenrechte*, um Hesses *Siddhartha*, um Adornos *Minima Moralia*, um die *Bhagavad Gita*, den Koran oder die Bibel handelt – oder Teile davon.

Mir wurden im Laufe der Zeit manche Passagen der Bibel immer wertvoller, immer »heiliger«. In manchen Versen finde ich Einsichten, die mich beeindrucken, die meinen Blick auf die Welt verändern. Aber die Voraussetzung hierfür ist nicht, dass sie mir jemand als »Wort Gottes« serviert, sondern dass die Texte selbst zu sprechen beginnen, aus ihrer eigenen Kraft. Wenn sie dann aus sich heraus eine Autorität entfalten, dann ist es eine innere, nicht eine von außen zugeschriebene Autorität. Anders gesagt: Die Heiligkeit eines Textes erwächst aus ihm selbst, im Laufe meiner Auseinandersetzung mit ihm – nicht aus dem umgehängten Etikett.

Schon in der Bibel selbst lässt sich einiges über den nichtautoritären Umgang mit ihren Texten finden. Diejenigen, die die verschiedenen zirkulierenden Erzählungen, Gebete, Regelsammlungen, Novellen, Meditationen und Gedichte Schritt für Schritt zum *Tanach* (d. h. zur jüdischen Bibel, die die hebräischen Texte der Bibel der Christen umfasst) zusammenfügten, waren weise genug, die unterschiedlichen Standpunkte darin nicht komplett auf eine Linie zu bringen. Die verschiedenen Gottesnamen, die verschiedensten Gottesvorstellungen vom Wettergott über den Kriegsgott bis hin zum Befreier aus der Sklaverei und zum Gott, der sein Volk mütterlich an seine nährende Brust nimmt, die unterschiedlichen Schöpfungserzählungen und sogar zwei verschiedene Versionen der Zehn Gebote blieben nebeneinander bestehen. Offenbar wollte sich am Ende niemand anmaßen zu entscheiden, welche Auffassungen »richtig« und welche zu löschen seien. Möglicherweise konnten sich die an der Zusammenstellung Beteiligten auch einfach nicht immer einig werden.

Selbst als JHWH*, der Gott der Befreiung aus der Sklaverei in Ägypten, im Volk Israel allmählich zum zentralen Bezugspunkt beim Nachdenken über Gott wurde, hat niemand die anderen Traditionen für ungültig erklärt. Lieber verflocht man die verschiedenen Erfahrungen und Gottesnamen kunstvoll mit der Erzählung vom Exodus, sodass alle miteinander auf eine neue Ebene des Nachdenkens gehoben wurden.[4]

Dieselbe Grundhaltung prägte dann auch die Anfänge des Christentums: Im Neuen Testament, das ebenfalls ein überwiegend von Juden verfasstes Buch ist, stehen zum Beispiel vier Evangelien mit all ihren Unterschieden und Widersprüchen nebeneinander; der Apostel Paulus hat in seinen Briefen in manchen Punkten noch andere Auffassungen; und übers gesamte Neue Testament verteilt lassen sich ungefähr fünfzehn verschiedene Versuche ausmachen, die Bedeutung des Jesus von Nazaret für das Christentum zu fassen. Auch sie lassen sich kaum auf eine einheitliche Linie bringen (selbst wenn es die christliche Theologie später versucht hat).

Bei der Zusammenstellung des Talmuds, des jüdischen Großwerks der Tora-Auslegung (von dem es selbst zwei Versi-

* Ich halte mich in diesem Buch an die Gepflogenheit des Judentums, den Gottesnamen JHWH nur mit seinen vier Konsonanten anzugeben und nicht mit Vokalen zu versehen. Die christlichen Versuche, den Gottesnamen zu vokalisieren, wurden von jüdischen Gelehrten immer wieder als nicht überzeugend und als respektlos kritisiert.

onen gibt), hat man nach einigen Auseinandersetzungen ebenfalls der Vielstimmigkeit den Vorzug gegeben.[5] Fast überall, wo es um die Deutung bestimmter biblischer Sätze geht, findet man dort nicht *eine* offizielle Lehrmeinung, sondern die unterschiedlichen Positionen mehrerer Rabbis.

Nach einem zermürbenden Streit zwischen den Anhängern zweier rabbinischer Schulen, erzählt der Talmud, erscholl eine Stimme aus dem Himmel und ließ die Streitparteien wissen: »Die Worte der einen und der anderen sind Worte des lebendigen Gottes« (Babylonischer Talmud, Traktat *Erubin* 13b). Für die meisten Christen ist das heute unvorstellbar – wie können vor Gott zwei gegnerische Auffassungen zugleich richtig sein? –, doch im Judentum besteht die Einsicht, dass die Tora niemals nur auf eine bestimmte Art ausgelegt werden kann. Und diejenigen, die den Talmud studieren, müssen am Ende selbst entscheiden, was sie glauben wollen. Niemand stoppt in dieser Tradition ihr inneres Gespräch mit sich selbst und den Austausch mit anderen; niemand nimmt ihnen die Entscheidung ab. Sie müssen in eigener Verantwortung ihre Schlüsse ziehen und selbst für ihr Handeln geradestehen.

Glaube – wenn das Wort hier überhaupt passt – ist hier nicht der gehorsame Anschluss an ein Regelwerk, sondern die mündige, erwachsene Antwort auf die Herausforderungen und Zumutungen des Lebens – in lebendiger Auseinandersetzung mit den Gedanken der eigenen Tradition. Mir scheint das wegweisend: Man kann bei allen diesen Fragen über Gott und die Welt zwar durchaus eigene Vorstellungen haben und vertreten, aber niemand kann sich anmaßen zu sagen: So ist es und nicht anders. Immer kann man sich irren, immer kann alles anders sein. Dennoch muss man sich immer wieder selbst entscheiden.

Christen – und christlich aufgewachsene Ex-Christen – können hier einiges lernen.

Das gilt selbstverständlich auch für die Auseinandersetzung mit den »Stellen«, die immer wieder zur Frage des gleichgeschlechtlichen Sexes angeführt werden und die in der christlichen Tradition über Jahrhunderte als Verdammungsurteile gelesen wurden. Meine Frage war deshalb nicht: Sind diese Texte für uns »verbindlich« oder leben wir heute so anders, dass sie uns nicht betreffen? So fragen immer noch viele wohlmeinende Bibelwissenschaftler. Mir schien es interessanter, etwas darüber herauszubekommen, welche Konflikte die Autoren der Texte vor Augen hatten und wie sie dazu Stellung nahmen. Insbesondere jüdischen Bibelwissenschaftlern sowie christlichen Autoren, die die jüdische Gelehrsamkeit in diesen Fragen ernst nehmen, verdanke ich hier neue Einsichten. Davon werde ich auf den folgenden Seiten berichten.

2. *Genesis 19,1–29*

Sodom gilt – zusammen mit Gomorra – als Stadt der Sünde, des Lasters, der menschlichen Abgründe. Deshalb, so heißt es, wurde Sodom von Gott mit Feuer und Schwefel zerstört. Nach traditioneller christlicher Lesart war das die Strafe Gottes für die angebliche Homosexualität ihrer Bewohner.[6] Das aber lässt sich nicht halten, wenn man genauer hinsieht.

Wir befinden uns mit der Sodom-Geschichte in einer historisch nicht greifbaren Zeit lange vor der Entstehung des Volkes Israel, in einer Zeit der Legenden also. Die Erzeltern Abraham und Sara sind ebenso wie Lot, der als Neffe Abrahams eingeführt wird (Gen 11,31), Charaktere in Erzählungen. Die Geschichten wollen den Menschen kein Wissen über historische Personen und Ereignisse nahebringen, sondern eher grundlegende Einsichten über Krieg und Frieden, Gott und die Welt. Vermutlich wurde das Buch Genesis erst im 5. Jahrhundert v. Chr. aus einer Vielzahl von Erzählungen und Texten unterschiedlichen Alters zusammengestellt. Dabei haben sicher auch Fragen, die die Menschen des 5. Jahrhunderts beschäftigten, eine Rolle gespielt.[7]

Es hat also wenig Sinn, nach Anhaltspunkten für Meteoriteneinschläge oder Erdbeben in prähistorischer Zeit zu suchen, die die hinter der Legende von der Zerstörung der Stadt stehen könnten (obwohl das versucht wurde). Auch die immer wieder unternommenen Versuche, Überreste von Sodom irgendwo am Toten Meer ausfindig zu machen, verfolgen eine falsche Spur.[8] Denn der Erzählung geht es gar nicht um historische Begebenheiten, sondern um geschichtliche Erfahrungen anderer Art. Davon wird noch zu reden sein.

Um der Sache näher zu kommen, ist erst einmal interessant, welches Bild die Bibel an verschiedenen Stellen von Sodom malt. Die Stadt soll in einer fruchtbaren Gegend nicht weit vom Toten Meer gelegen haben (vgl. Gen 13,10–12). Tatsächlich gibt es dort wasserreiche Gegenden, subtropisches Klima, Landwirtschaft, Bodenschätze, wichtige Handelsstraßen. Aber unweit davon finden sich auch trockene, heiße Gebiete und giftige Schwefelquellen. Die Frage, warum es dort nicht überall fruchtbar ist, sondern teilweise lebensfeindlich und höllisch, wird die Fantasie der Menschen beflügelt haben: Warum sind hier nicht überall Städte? Gab es einmal welche? Warum sind sie verschwunden?

Die Bibel schildert Sodom als wohlhabende Stadt. Man lebte gut in ihr. Es gab Verbindungen zu Nachbarstädten. Es gab Zuwanderung. Auch Abrahams Neffe Lot ließ sein Leben als wandernder Viehhirte hinter sich und zog nach Sodom, um den Reichtum und die Annehmlichkeiten des Stadtlebens zu genießen (was in der Bibel durchaus kritisch gesehen wird). Und er hatte Glück: Er fand eine Arbeit im Stadttor, dem Ort, an dem in altorientalischen Städten üblicherweise Streitfälle geklärt werden und Recht gesprochen wird. Damalige Hörer der Geschichte wussten gleich: Lot gehörte schon zur Elite der Stadt, zu den Beamten, die am Stadttor arbeiteten.

Damit setzt das Kapitel ein: Lot tut gerade Dienst im Torraum, als zwei Männer eintreffen, die als Engel bezeichnet werden. Aus dem vorangehenden Kapitel (Gen 18,20) weiß man, dass sie im Auftrag Gottes nach Sodom kommen, sozusagen zur Inspektion, weil »Geschrei« über Vergehen und Unrecht in der Stadt zu Gott gedrungen sei (noch einmal in Gen 19,13). Lot wirft sich vor ihnen nieder – ein Zeichen, dass er sie als Boten

Gottes erkennt – und beschwört die beiden, nicht im Freien zu übernachten, sondern in seinem Haus. Er weiß, dass es in Sodom gefährlich ist, die Nacht draußen zu verbringen. Sie lassen sich überreden, und Lot gibt ihnen zu essen und zu trinken (Gen 19,1–3).

Als sich Lot und seine Gäste gerade zur Ruhe begeben wollen, versammeln sich, wie es scheint, sämtliche Männer der Stadt vor Lots Haus und verlangen, dass er ihnen seine Besucher herausgibt – sie wollen sie »erkennen« bzw. »ihnen beiwohnen« oder »mit ihnen verkehren«, wie andere Übersetzungen formulieren. Lot fleht die Männer der Stadt an, nichts Böses zu tun, und bietet ihnen als »Ersatz« seine beiden Töchter an (womit er zeigt, dass er selbst bereits am Unrecht in der Stadt teilhat)[9]. Aber die Töchter sind offenbar nicht das, was die Männer wollen. So drohen sie Lot Gewalt an und versuchen, in sein Haus einzudringen. Daraufhin schreiten die beiden Engel ein: Sie schlagen die aufgebrachten Männer der Stadt mit Blindheit, sodass diese den Eingang von Lots Haus nicht mehr finden. Ihr herrisches Auftreten weicht von einem Moment auf den anderen der völligen Hilflosigkeit und Lächerlichkeit. Am nächsten Morgen verlassen die Engel zusammen mit Lot und seiner Familie eilig die Stadt, bevor Gott diese mit Feuer und Schwefel vernichtet.

Eine merkwürdige Geschichte. Die Charaktere sind widersprüchlich, die Moral ist zweifelhaft, am Ende stehen Flucht und Zerstörung. Was soll man damit anfangen? Werfen wir zuerst einen Blick auf die, die sich da so aggressiv hervortun:

Sie hatten sich noch nicht hingelegt, da umstellten die Männer der Stadt das Haus, die Männer von Sodom, Jung und Alt, alles Volk von allen Enden der Stadt. (Gen 19,4)

Das scheint hier etwas umständlich formuliert zu sein: Die Rede ist von den »Männern der Stadt« und gleich danach von den »Männern von Sodom«. Das sieht aus wie eine unnötige Doppelung. Schon Martin Luther störte sich daran und hat das in seiner Bibelübersetzung von 1545 zu »die Leute der Stadt Sodom« zusammengezogen. Aber er hat – wie andere Übersetzer – nicht gewusst, dass »die Männer der Stadt« und »die Männer von Sodom« feststehende Ausdrücke für offizielle Funktionen sind: »Die Männer der Stadt« sind die offiziellen Vertreter der Stadt – wir würden heute an den »Stadtrat« denken. Und die »Männer von Sodom« sind so etwas wie die Miliz, die Bürgerwehr, die wehrfähigen Bürger, die für den Schutz der Stadt zuständig sind.[10]

Die Reihenfolge der Ausdrücke ist in solchen Texten nie zufällig: Zuerst treten die »Männer der Stadt« auf, also die Elite, die die ganze Sache initiiert. Ihnen folgen die »Männer von Sodom«, und miteinander umstellen sie das Haus. Es handelt sich mithin um offizielle politische und militärische Abordnungen, die sich die anscheinend unberechtigt eingereisten Fremden vorknöpfen wollen. Die angehängten Formulierungen »Jung und Alt, alles Volk von allen Enden der Stadt« betonen, dass diese Männer im Auftrag aller Bürger handeln: Die ganze Stadt steht hinter dieser Abwehraktion und ist für sie verantwortlich.

Was aber ist der Grund für diesen nächtlichen Einsatz?

Altorientalische Stadtstaaten verstanden sich als Verteidigungsgemeinschaften gegen eine tendenziell feindliche Umwelt. Man hielt im Inneren zusammen und wappnete sich gegen Feinde von außen. Gelegentlich führte man Krieg gegen andere Stadtstaaten, gelegentlich schmiedete man Bündnisse. Fremden begegnete man mit Misstrauen – sie könnten ja Feinde sein. Ausländer waren in der Stadt meist eher geduldet als willkommen. Kamen sie ungefragt, konnte es geschehen, dass man sie – ähnlich wie Kriegsgefangene oder Sklaven – unterwarf, indem man sie erniedrigte und vergewaltigte.[11]

Diese Praxis ist in sesshaften Kulturen über Jahrtausende bis in die Gegenwart hinein immer wieder anzutreffen – im Alten Orient, in den Kriegen Alexanders des Großen, im Römischen Reich, auf den mittelalterlichen Kreuzzügen zur Eroberung Jerusalems, im amerikanischen Unabhängigkeitskrieg, in den Weltkriegen, im Vietnamkrieg, in den Jugoslawienkriegen der 1990er-Jahre, und jüngst im Krieg Russlands gegen die Ukraine: Die Überlegenen machen sich über die Unterlegenen her, benutzen den Penis als Waffe zur endgültigen Eroberung bis in den intimsten, verletzlichsten Bereich der Menschen hinein.[12]

Männern wird durch Vergewaltigung der Status von Frauen zugewiesen, welche im patriarchalischen Denken diejenigen sind, die »von Natur aus« untertan sind und üblicherweise beim Sex penetriert werden. Frauen wird mit der Vergewaltigung signalisiert, dass sie niemals aus der ihnen zugewiesenen Rolle und aus der Weltordnung, in der Männer über Frauen zu bestimmen haben, ausbrechen dürfen. Wir wissen, dass in Kriegssituationen Frauen oft im Beisein ihrer Ehemänner vergewaltigt werden, um die Männer gleich mit zu erniedrigen. Das findet man in Strafkolonien für Kriegsgefangene ebenso wie in Flüchtlingslagern – gegenwärtig etwa in Libyen. Auch Flüchtlinge werden ja häufig als feindliche Eindringlinge betrachtet.

Die Verbindung von Unterwerfung und Sexualität verweist uns auf einen Abgrund unserer Zivilisation. Oft heißt es, solche Gewaltakte hätten nichts mit »wirklicher« Sexualität zu tun. Es gehe dabei nur um das Erleben von Macht seitens der Täter. Die Realität ist augenscheinlich komplexer. Offenbar gibt es nicht wenige Männer, für die Machtausübung sexuell erregend ist und die sich an der Hilflosigkeit der Unterworfenen nicht nur im metaphorischen Sinne aufgeilen. Auch der biblische Text scheint diese düstere Gestalt der menschlichen Sexualität im Blick zu haben. Als die »Männer der Stadt« Lots Haus umstellen, rufen sie:

Wo sind die Männer, die diese Nacht zu dir gekommen sind? Her mit ihnen; wir wollen sie erkennen. (Gen 19,5)

Mit dem Ausdruck »Erkennen« ist in diesem Zusammenhang eindeutig penetrativer Sex gemeint, aber nicht zwangsläufig Gewalt. »Erkennen« kann durchaus auch lustvoller, einvernehmlicher Sex sein. Die Alttestamentlerin Ilse Müllner erläutert: »Diese Männer in Sodom sagen: ›Gebt die Gäste heraus. Wir wollen sie erkennen.‹ Sie sagen nicht: ›Wir wollen sie schlagen.‹ Sie sagen nicht: ›Wir wollen sie niedertreten.‹ Sie sagen nicht: ›Wir wollen sie erniedrigen.‹ Für all das fallen mir auch ein paar Wörter ein im Hebräischen, aber sie nehmen eigentlich – das finde ich so grausam in diesem Text – den Begriff, der auch für positive und für reproduktive Sexualität verwendet wird. Also sie sagen noch nicht einmal ›Wir wollen sie packen‹ oder ›Wir wollen mit ihnen schlafen‹. Das steht da nicht. Da geht es um sexuelle Akte, und die sind auf eine Weise mit Gewalt verknüpft, die gerade das so grausam macht.«[13]

Die Verbindung von soldatischer und sexueller Gewalt, die in diesem Text angesprochen wird, ist für sich genommen verstörend genug. Handelt es sich bei den Tätern dabei auch noch um »Homosexuelle«, die unschuldige Besucher (oder gar Engel) »erkennen« wollen? Viele Ausleger haben das immer wieder geglaubt, und ihr wichtigster Anhaltspunkt ist, dass Lot den »Männern von Sodom« seine eigenen Töchter zur Vergewaltigung anbietet, wovon diese Männer aber anscheinend nichts wissen wollen:

Seht, ich habe zwei Töchter, die noch keinen Mann erkannt haben; die will ich euch herausgeben. Tut mit ihnen, was euch gefällt! Nur diesen Männern tut nichts, denn darum sind sie unter den Schutz meines Dachs gekommen. Sie aber sagten: Verschwinde! (Gen 19,8–9)

Auf den ersten Blick sieht es tatsächlich so aus, dass die Männer von Sodom Frauen ablehnen und sich lieber an Männern vergreifen wollen. Doch das wäre aus historischen und literarischen Gründen ein Fehlschluss. Denn erstens war die Vorstellung, dass es klar definierte Gruppen von Menschen mit bestimmten sexuellen Vorlieben geben könnte, in der Antike unbekannt. Man war sich sicher, dass alle Menschen zu Sex mit Partnern aller Geschlechter in der Lage sind. Zweitens wissen wir aus der Militärgeschichte, dass es bei Akten sexualisierter Gewalt durch die Jahrtausende hindurch nie auf das Geschlecht der Opfer angekommen ist. Drittens hatte Lots Anbieten seiner Töchter nicht den Sinn, die Miliz von Sodom von den Vorzügen des verschiedengeschlechtlichen Verkehrs zu überzeugen. Sein schrecklicher Vorschlag hatte einen anderen Hintergrund: Weil seine Töchter noch keine Männer hatten, befanden sie sich noch in seinem Zuständigkeitsbereich. Er konnte über sie »verfügen«; seinen Gästen gegenüber war er indessen zum Schutz verpflichtet. Viertens und am wichtigsten: Die Erzählung zielt auf etwas anderes: Die bereits angesprochene Grundspannung in der Erzählung ist die zwischen Einheimischen und Fremden. Um die Zurückweisung oder Unterwerfung der Fremden geht es. *Deshalb* kommen die Töchter Lots für den Mob von Sodom nicht in Frage: Sie sind keine Eindringlinge. Sie müssen nicht unterworfen werden.

Lot selbst allerdings *ist* ein Zugewanderter. Er hat zwar eine angesehene Stellung und Familie in der Stadt, aber sobald er sich gegen den Stadtrat und die Miliz stellt, um seine Besucher zu schützen, lassen diese ihn sofort spüren, dass er nie ganz zu ihnen gehören wird:

Sie sagten: Kommt da so ein Einzelner, ein Zugereister, und will sich als Richter über uns aufspielen! Nun, wir wollen dir noch Schlimmeres antun als ihnen. (Gen 19,9)

Umgehend tritt hier die Grundspannung in den Vordergrund: Lot wird den Fremden zugerechnet und soll selbst erleben, worum es hier geht: dass man Fremden »Schlimmes« antun will. Hier ist es offenkundig: Es geht den Milizionären nicht um ihr sexuelles Vergnügen, sondern allein um die Lust an der Erniedrigung. Die Akteure sind keine »Homosexuellen«, sondern soldatische Männer, die an der Machtausübung und den Privilegien einer Gesellschaft partizipieren und zu ihrer Absicherung auch zu Vergewaltigungen bereit sind.[14]

(Eine verwandte Geschichte wird in der Bibel übrigens im Buch der Richter, Kapitel 19, erzählt. Sie spielt allerdings in der judäischen Stadt Gibea, wodurch das Gewaltverhalten von

Stadtbewohnern nun nicht nur in einer nichtisraelitischen Stadt wie Sodom, sondern auch im eigenen Volk thematisiert wird. Wer die Geschichte nachliest, wird feststellen, dass dort ebenfalls ein durchreisender Fremder, ein Levit, vergewaltigt werden soll, dass sich die wütende Meute zuletzt aber mit dessen – ebenfalls auswärtiger – Frau zufriedengibt, um ihn zu erniedrigen. Die Frau erliegt am Ende den Verletzungen, die ihr zugefügt werden.)[15]

Die Sodom-Erzählung ist also keine Geschichte, die gleichgeschlechtliche Lust verurteilt. Sie thematisiert diese Lust nicht einmal. Es gibt auch keinerlei Anhaltspunkte, dass sie als eine in die Urzeit verlegte Begründung für ein späteres Verbot gleichgeschlechtlichen Sexes zu verstehen wäre.[16] Auch in weiteren Büchern der Hebräischen Bibel und in der jüdischen Tradition wurde die Sodom-Geschichte nicht so verstanden (nur vereinzelt in außerbiblischen jüdischen Schriften und im Christentum gewann später eine »sexuelle Lesart« allmählich an Boden). Am bündigsten hat es die Alttestamentlerin Silvia Schroer zusammengefasst (wenn auch in anachronistisch-modernen Begriffen): »Die Männer von Sodom und Gibea haben keine homosexuellen, eher schon homophobe Neigungen, sie agieren ihre Unterwerfungsgelüste sexuell aus, wobei der größte Machterweis in der Erniedrigung des anderen Mannes besteht.«[17]

Die Sodom-Erzählung bringt also in erster Linie das Entsetzen über sexualisierte Gewalt zum Ausdruck. Diese Gewalt kannte man in Israel zur Zeit der Endredaktion des Buches Genesis zur Genüge. Bis ins 5. Jahrhundert v. Chr. stand der Landstrich zeitweise unter ägyptischer Herrschaft, wurde von Assyrern und von Babyloniern erobert, bis er schließlich dem persischen Weltreich eingegliedert wurde. Immer wieder waren fremde Heere in das Land eingefallen, und sexualisierte Gewalt gehörte als Kriegswaffe selbstverständlich dazu. Das Volk Israel kannte sie also aus eigenem Erleben. Und darin liegt der geschichtliche Erfahrungshintergrund der Sodom-Geschichte.

Und was ist mit der Zerstörung Sodoms als Werk eines Gottes?

Oft ist zu hören, dass hier wieder einmal der grausame jüdische Rachegott in Erscheinung trete, den man nur verabscheuen könne. Diese Mischung aus Antijudaismus und der christlichen Vorstellung, dass der wahre Gott doch ein »lieber Gott« sein müsse, der alles Unrecht jederzeit vergibt, wird allerdings nicht helfen zu verstehen, worum es bei diesem Ende der Geschichte geht.

Um der Sache näher zu kommen, vergegenwärtigen wir uns zunächst noch einmal, wofür die Stadt Sodom in der biblischen Darstellung steht. Sie steht für Eigensucht und Unrecht, für eine Stadt, die ihren Reichtum nicht teilen will, sondern ihn mit Waffen und sexualisierter Gewalt zu verteidigen bereit ist.[18] In der weiteren Überlieferung gelten dementsprechend Gier, Hochmut, Selbstbezogenheit, Verantwortungslosigkeit und unsolidarisches Verhalten als die Vergehen Sodoms (vgl. z. B. Jesaja 1,10–17; 3,9; Jeremia 23,14; Ezechiel 16,49–50; Jesus Sirach 16,8; Babylonischer Talmud, Traktat *Sanhedrin* 109).

Im Alten Orient glaubte man, dass sich Recht und Unrecht unmittelbar auf den Lauf der Welt auswirken. Gerechtigkeit hält die Welt in Gang, doch Unrecht erzeugt immer neues Unrecht und zerstört sie letztlich. Die Götter kümmern sich um den Lauf der Welt, aber die Menschen spielen durch ihr Verhalten ebenfalls eine Rolle: Durch gerechtes Handeln tragen sie zum Fortbestand der Welt bei; durch Verantwortungslosigkeit beschädigen sie die Weltordnung. Es ist eine mythische Vorstellung, doch dem ökologischen Denken der Gegenwart ist sie gar nicht so fremd.

Demzufolge haben die Einwohner Sodoms mit ihrem Eigennutz, ihrer Ignoranz gegenüber den Armen und ihren Gewaltdrohungen schweres Unrecht in die Welt gebracht und damit ihr Bestehen ernsthaft gefährdet. Da niemand sonst sie stoppen konnte, musste Gott eingreifen und die Weltordnung wieder in Kraft setzen.

Da ließ JHWH auf Sodom und auf Gomorra Schwefel und Feuer regnen, von JHWH, vom Himmel herab, und vernichtete diese Städte und die ganze Gegend und alle Bewohner der Städte und alles, was der Boden hervorbrachte. (Gen 19,24–25)

So ist JHWH, der Gott Israels, nicht bloß irgendeine höhere Macht, der sich die Menschen durch Wohlverhalten anzupassen hätten. Israel kam vielmehr im Lauf seiner Geschichte zur Überzeugung, dass JHWH ein Gott der Gerechtigkeit sei und für die Menschen ein Leben in Freiheit wünsche: ein Gott, der auf die Klageschreie der Menschen über das Unrecht, das sie erleiden, höre, der sich an ihre Seite stelle und sie aus der Sklaverei befreie.[19] Deshalb war es vollkommen unmöglich, sich vorzustellen, dass dieser Gott gegen das Unrecht in Sodom *nicht* einschreiten würde. Er hätte sich selbst widersprochen.

Wir haben es hier also nicht mit einem rachsüchtigen und bloß zerstörerischen Gott zu tun, sondern mit einer menschheitsgeschichtlich bedeutsamen Verbindung von Gottesglauben und Gerechtigkeit. Die Botschaft ist nicht: Gott straft wahllos; die Botschaft lautet vielmehr: Gott duldet keine egoistische Wohlstandsverwahrlosung und keine soldatische Männergewalt.

Dennoch mag uns die Auslöschung einer ganzen Stadt samt allen Bewohnern heute grausam erscheinen, weil wir gewohnt sind, Nachsicht mit Tätern zu haben, und immer auf Versöhnung spekulieren. Der Bibelwissenschaftler Volker Grunert denkt hier dagegen konsequent von den Opfern her, die zu Hunderttausenden in der Menschheitsgeschichte sexualisierte Gewalt in Kriegen oder Gefangenenlagern und in anderen Situationen erlebt haben. Gerade für diese Menschen findet er es von höchster Bedeutung, »dass es eine Geschichte gibt, die erzählt, dass auf die Täter Schwefel und Steine herabgeregnet sind und Gott sie bestraft hat. Es ist etwas, das für die Menschen, die das nicht erfahren mussten, erst einmal nicht nachvollziehbar ist und auch grausam klingt, dass eine ganze Stadt bestraft wird. Aber es ist eine ganz, ganz wichtige Ressource für Menschen, die solche Formen der Gewalt erlebt haben: dass die Gewalt nicht verschwiegen wird, dass die Gewalt nicht ohne Konsequenzen bleibt und dass sie wissen, dass Gott auf ihrer Seite ist. Das ist etwas Tröstendes. Das ist etwas, das mir selbst Widerstandsfähigkeit gibt: dass ich eine Geschichte habe, die immer und immer wieder neu weitererzählt wird, nämlich eine Geschichte, die 49 Mal in der Bibel immer wieder erwähnt, dass eine Gemeinschaft gewalttätig war und dafür die Konsequenzen tragen musste.«[20]

Wie es kommen konnte, dass die Sodom-Geschichte im Christentum – ungefähr seit dem 4. Jahrhundert n. Chr. – immer mehr auf ihren sexuellen Aspekt reduziert und dann als Warnung vor gleichgeschlechtlicher Sexualität gelesen wurde, dass also die Aufmerksamkeit von den eigentlichen Gewalttätern auf andere Menschen umgelenkt wurde, ist eine Frage, die uns weiter beschäftigen wird.

3. *Levitikus 18 und 20*

Während man bei der Sodom-Erzählung noch relativ leicht erkennen kann, dass es in ihr keineswegs um Lust und Liebe zwischen Männern geht, gewinnt man von zwei Versen im Buch Levitikus, wie sie in deutschen Übersetzungen wiedergegeben werden, auf den ersten Blick einen anderen Eindruck:

Du sollst nicht mit einem Mann liegen, wie man mit einer Frau liegt; das wäre ein Gräuel. (Lev 18,22)

Liegt einer mit einem Mann, wie man mit einer Frau liegt, dann haben beide eine Gräueltat begangen; sie sollen getötet werden; ihr Blut komme über sie. (Lev 20,13)

Das sieht wirklich nach einer klaren Verurteilung von Sex zwischen Männern aus. Und so wurde es im Christentum über Jahrhunderte auch verstanden. Die Verse machten den Leuten

Angst vor allzu viel Nähe zwischen Männern und trieben aufgeputschte Menschenmengen zu Hinrichtungen und Lynchmorden an Männern, die bei nichts Böserem erwischt wurden als bei Zärtlichkeiten. Die vermeintlichen Verdammungsurteile der Bibel gewannen Macht über das Denken der Menschen, ohne dass diese sagen konnten, was an gegenseitiger Zuneigung und Anziehung zwischen Männern eigentlich so empörend sein sollte. Sie nahmen es als gegeben hin, dass Sex und Liebe unter Männern laut Heiliger Schrift Sünde seien und den Zorn Gottes hervorriefen.

Allerdings ist die Sache keineswegs so eindeutig, wie sie auf den ersten Blick erscheinen mag. Liest man die Kommentare und Analysen der Bibelwissenschaftler zu diesen beiden Versen, kommt man ins Staunen: Es gibt fast so viele Deutungen wie Deuter. Nur in wenigen Punkten stimmen die Bibelgelehrten überein. Manche schlugen vor, es aufzugeben, die beiden Verse verstehen zu wollen, da ihr Rätsel kaum zu lösen sei.

Worin aber besteht dieses Rätsel? Beginnen wir mit dem Offensichtlichsten: Die Verse selbst geben keinerlei Begründung, *warum* es schlecht sein soll, »mit einem Mann zu liegen, wie man mit einer Frau liegt«. Und das lädt natürlich zu Spekulationen ein: Welche unausgesprochenen Gründe und Hintergründe könnte es geben? Was genau sollte daran so verwerflich sein?

Vieles wurde erwogen: Gefährdete der Sex zwischen Männern die ausreichende Vermehrung des jüdischen Volks?[21] War es in erster Linie Ehebruch, wenn verheiratete Männer mit einem Mann Sex hatten?[22] Sollten nur Praktiken, die dem Verkehr mit Frauen ähnelten (sprich: Analverkehr), verboten sein? Oder ging es darum, dass nicht zwei Männer mit einer Frau »liegen« sollten?[23] Man sieht: Je länger man über die Gründe für die Gebote der beiden Verse spekulierte, desto unklarer wurde alles.

Dabei wurde in den meisten Deutungsversuchen nicht danach gefragt, wen genau die Gebote vor Augen hatten. Man ging einfach davon aus, dass sie sich gegen Menschen richteten, die man im modernen Denken als »Homosexuelle« bezeichnete: um erwachsene Männer, deren sexuelles Interesse sich ausschließlich auf andere erwachsene Männer richtete. Dabei ist gerade das nicht im hebräischen Text zu finden, wenn man näher hinsieht. Tun wir genau das!

Wie immer empfiehlt es sich, zuerst auf den Zeithintergrund zu schauen und nicht nur die beiden einzelnen Verse zu betrachten, sondern auch die Kapitel, in denen sie stehen, sowie die Komposition des ganzen Buchs.

Das Buch Levitikus erhielt in der Perserzeit seine schriftliche Form. Nach der babylonischen Herrschaft hatte in den Jahren nach 539 v. Chr. das Perserreich die ganze Region erobert und sich schließlich bis zur Mittelmeerküste ausgedehnt. Dem kleinen Ländchen Juda, welches vom früheren Königreich Israel noch übriggeblieben war und nun zu einer persischen Provinz wurde, gestatteten die neuen Herrscher, sich selbst nach eigenen Gesetzen zu regieren, solange es sich loyal zum Perserreich verhielt. Die Perser setzten darauf, auf diese Weise unnötige Konflikte mit den kolonialisierten Völkern zu vermeiden. Um 450 v. Chr. wurde deshalb die Tora zum geltenden Gesetz in Juda erklärt.[24]

Das Buch Levitikus spielte dabei eine zentrale Rolle. Über weite Strecken ist es gestaltet als große Rede von JHWH an Mose während des Exodus, des Auszugs aus der Sklaverei in Ägypten, auf dem Weg in das Land der Freiheit: Kanaan. So nimmt das Buch Bezug auf *das* Großereignis in der Geschichte Israels, das alle Israeliten miteinander als Volk verbindet. Das war lebenswichtig, denn in der Zeit, als Levitikus zum Buch wurde, war Juda mehr denn je von verschiedenen Ethnien mit verschiedenen Göttern und Kulturen bevölkert. Deshalb galt es, alles zu tun, die Erinnerung an JHWH, der die Israeliten aus der Sklaverei befreit hatte, lebendig zu halten. Die Überzeugung, dass Gott nicht Untertanen, sondern freie Menschen wollte, sollte nicht in einem Mischmasch aus den verschiedensten Religionen verlorengehen.

Darum sind die Gebote im Buch Levitikus keine willkürlichen Regeln: Ihr Ziel ist es, die Erinnerung an den Exodus in

Leitlinien für das konkrete Alltagsverhalten der JHWH-Anhänger zu übersetzen: in der Opferpraxis, im familiären und im gesellschaftlichen Leben. Es handelt sich also nicht um irgendwelche Vorschriften, die die Menschen knechten sollen, sondern um eine Art Grundgesetz des befreiten Lebens, das helfen soll, die einstmals gewonnene Freiheit nicht aus den Augen zu verlieren. Viele im jüdischen Volk waren in diesem relativ schmalen Zeitkorridor, als das Buch Levitikus entstand, stark daran interessiert, mehr Rechte für alle durchzusetzen und kritischer über die Vorrechte ihrer Wortführer nachzudenken.[25] Wann, wenn nicht jetzt? schienen sie sich zu fragen.

Ausgangspunkt war dabei nie die Vorstellung einer anzustrebenden idealen Ordnung (so etwas ist in der Bibel unbekannt), sondern immer die Absicht, Unrecht, Gewalt und die damit verbundenen Leiden der Menschen zu vermindern. Nicht die Etablierung einer »Ordnung« oder gar die Wiederherstellung der »Schöpfungsordnung« sind Ziel aller biblischen Gebote, sondern die Überwindung von Unterdrückung, Bedrückung oder Demütigung (hebr. *anah).*

Im Kapitel 18 von Levitikus geht es um das sexuelle Verhalten *innerhalb der Familie*. Gleich am Anfang wird der Kontrast zu Verhaltensweisen, die bei anderen Völkern üblich waren[26], deutlich hervorgehoben:

Haltet euch nicht an das, was man in Ägypten tut, wo ihr gewohnt habt; haltet euch nicht an das, was man in Kanaan tut, wohin ich euch führe. Ihren Ordnungen sollt ihr nicht folgen. (Lev 18,3)

Man sieht sofort: Der Vers bezieht sich mit den Schlüsselwörtern »Ägypten« und »Kanaan« eindeutig auf den nun schon Jahrhunderte zurückliegenden Exodus. Für Leser oder Hörer zur Entstehungszeit des Buches Levitikus verstand sich von selbst, dass mit den »Ordnungen« Ägyptens und Kanaans natürlich auch phönizische, babylonische, persische und andere Ordnungen mitgemeint waren. Die Nachkommen der Israeliten, die beim Exodus dabei waren, sollten sich nicht den Gepflogenheiten der anderen Ethnien anpassen, sondern unbedingt die Ethik, die man mit der Befreiung durch JHWH verband, weiter in Ehren halten. Dabei ging es keinesfalls um eine Abgrenzung aus nationalistischem Hochmut; denn auch Nächstenliebe und die Liebe zu den Fremden gehörten unabdingbar zur Ethik JHWHs, wie das nächste Kapitel, Levitikus 19, in den Versen 18 und 34 festhält.

Wer wird nun von den Geboten angesprochen? Mit der Anrede »du« oder »ihr« richtet sich Levitikus an den freien israelitischen Mann – hebräisch: *isch*. Im biblischen Recht bezeichnet *isch* den verheirateten Mann mit Frau(en) und Kindern, mit Eltern, mit Knechten und Vieh. Kein Sklave, kein junger Mann, kein männliches Kind wird als *isch* bezeichnet. Der *isch* ist das Familienoberhaupt, der Patriarch. Wir befinden uns damit im Bereich der Großfamilie, des Familienverbands.

Levitikus 18 ermahnt den *isch*, niemandem in seinem Haushalt »die Scham zu entblößen«, das heißt, vor niemandem die Kleider zu öffnen und sexuell zudringlich zu werden. Es geht also um sexuelle Gewalt in der Familie – bekanntlich bis in unsere Zeit ein riesiges Problem. In den Familien findet ja die Mehrzahl aller sexualisierten Gewalttaten statt; die Opfer kennen die Täter persönlich und können ihnen nicht aus dem Weg gehen. Gegen solche Gewalt richten sich die Gebote dieses Kapitels.[27]

Nach etlichen Beispielen, in denen es vor allem um den Schutz von Frauen und Mädchen (Müttern, Töchtern, Schwestern, Schwägerinnen usw.) im Familienverband geht, kommt dann, wie schon erwähnt, in Vers 22 zur Sprache, dass man *nicht mit einem Mann liegen [dürfe], wie man mit einer Frau liegt*. So jedenfalls geben es die gängigen Bibelübersetzungen wieder. Dadurch könnte man auf den Gedanken kommen, dass der im ganzen Kapitel angesprochene *isch*, das Familienoberhaupt also, nicht mit einem anderen *isch* Sex haben soll.

Aber in diesem Kapitel, in dem es um *inner*familiäre Ethik geht, kann das nicht gemeint sein. Denn in einer Familie gibt es nur *ein* Oberhaupt. Wenn hier stünde, dass ein *isch* nicht mit einem anderen *isch* Sex haben soll, dann könnte es nur um außerfamiliären Sex gehen und würde nicht in dieses Kapitel gehören. Und tatsächlich steht etwas anderes da: Im hebräischen Original ist nämlich die Rede davon, dass der *isch* nicht mit einem *sachar* liegen soll, wie man mit einer Frau liegt.[28]

Der Ausdruck *sachar*, der meist mit »Mann« übersetzt wird, ist weiter gefasst als das klar eingegrenzte Wort *isch*. Man sollte *sachar* besser mit »männlich« übersetzen, denn es bezieht sich nicht nur auf den freien Israeliten, der einer Familie vorsteht, sondern auf alles Männliche, auch auf männliche Kinder und Jugendliche, auf Sklaven, Knechte und Ausländer – unabhängig von sozialem Status, Alter oder Volkszugehörigkeit. Zu lesen ist also: *Du sollst nicht mit einem Männlichen liegen*. Und im familiären Rahmen, wo es nur einen *isch* gibt, sind die anderen »Männlichen« eindeutig die eigenen Söhne sowie die zum Haushalt gehörenden Sklaven und Knechte. Das dürfte es sein, was hier als »Gräuel« (Grenzüberschreitung)[29] bezeichnet wird: sexueller Missbrauch von Abhängigen.[30] Die möglichen Täter und Opfer sind in Vers 22 klar benannt: Auf der einen Seite steht der *isch*, der Patriarch eines Familienverbandes (d. h. ein verheirateter Mann); auf der anderen Seite befinden sich die männlichen Minderjährigen und Unfreien im Haushalt.

Was aber bedeutet der Zusatz: *wie man mit einer Frau liegt*? Hier ist sich die Mehrheit der jüdischen und christlichen Bibelausleger einig: Gemeint ist die Penetration. Die Formulierung beschreibt jenen Sex, bei dem die Frau liegt und penetriert wird.[31] Der US-amerikanische Rabbiner Steven Greenberg sieht in dem Ausdruck zusätzlich den Aspekt der »Demonstration männlicher Macht, nicht Verbindung, sondern Trennung, nicht Zärtlichkeit, sondern Demütigung und Gewalt«[32]. Wenn es das nach Vers 22 zwischen *isch* und *sachar* nicht geben soll, ist klar, dass hier nicht sexuelles Vergnügen problematisiert wird, sondern – ähnlich wie in der Sodom-Legende in Genesis 19 – Sex als Machtgebaren und Gewalt. Und im Kontext von Kapitel 18 bezieht sich das speziell auf Missbrauchsverhalten in einem Familienverband.

In manchen benachbarten Kulturen galt die Penetration zwischen Männern von gleichem sozialem Status als Schande für den Penetrierten oder war sogar ausdrücklich verboten.[33] Nicht verboten war dagegen meist die Penetration von Sklaven, Jungen und durchreisenden Fremden. Darüber ging das biblische Recht unter Berufung auf JHWH entschieden hinaus und gab allen im Familienverband, unabhängig von Alter und Status, dasselbe Recht auf Schutz vor sexueller Nötigung. Wer sich an JHWH hielt, sollte sich nicht an sexuellem Missbrauch – und sei er in anderen Kulturen und Kulten noch so üblich – beteiligen. Die Gesetze der Anhänger von JHWH haben immer den Schutz der Schutzlosen zum Ziel.[34] Der Bibelwissenschaftler Volker Grunert bringt es folgendermaßen auf den Punkt: »Positiv ausgedrückt gibt dieses Kapitel also allen Hausangehörigen das Recht auf sexuelle Integrität.« Und er betont: »In der Begleitung von Opfern innerfamiliärer sexueller Gewalt ist dieser Text ein Juwel.«[35]

Dass es aber auch bei Levitikus 18 gelungen ist, die Aufmerksamkeit von patriarchalen Gewalttätern auf »die Homosexuellen« umzuleiten, stimmt nachdenklich und muss den Blick schärfen für die Verfälschungen der biblischen Aussagen im Lauf ihrer Auslegungsgeschichte. Nicht auszudenken, wie viel Leid hätte vermieden werden können, hätte man in den Kirchen und in den christlichen Familien Levitikus 18 richtig verstanden und beherzigt.

Das darauffolgende Kapitel, Levitikus 19, das als Herzstück des Buches gilt, schwenkt vom familiären zum gesellschaftlichen Leben und spricht von Nächstenliebe, von der Verantwortung für Arme, Fremde und Behinderte, von gerechtem Handel, ehrlichen Gerichtsverfahren und anständigen Löhnen. All das gehört dazu, wenn man sich an JHWH halten möchte – es geht um mehr als um einen bloßen Kult oder eine »religiöse Anschauung«: Es geht darum, Gerechtigkeit und Heiligkeit ins Leben zu bringen als Antwort auf die Heiligkeit Gottes: »Ihr sollt heilig sein, denn ich bin heilig, JHWH, euer Gott« (Lev 19,2).

Das gilt es dann auch für Levitikus 20 im Auge zu behalten. Manche Bibelinterpreten sehen in diesem Kapitel eine bloße Wiederholung von Vorschriften, die fast wörtlich schon in Kapitel 18 vorkamen. Nur seien sie jetzt mit Strafandrohungen versehen. Aber das ist falsch. Sie übersehen, dass diese Verse in einem anderen Zusammenhang stehen. Wie Jonathan Burnside, der in Bristol Biblisches Recht lehrt, eindrucksvoll gezeigt hat, dreht sich dieses Kapitel um den Schutz der Familie als einer intakten Einheit.[36]

Dazu werden in Levitikus 20 zentrale Themen aus den Zehn Geboten (Exodus 20) entfaltet, und zwar genau in der Reihenfolge, wie sie dort ursprünglich auftauchen: Den Hinweisen zum Gebot, keinen anderen Göttern zu dienen (Ex 20,3–5), folgen die Erläuterungen, was es heißt, Vater und Mutter zu ehren (Ex 20,12) und keinen Ehebruch zu begehen (Ex 20,14).[37] Sieht man sich die Beispiele für Letzteres genauer an, wird man feststellen: Die Gewalt *innerhalb* des Familienverbands ist in diesem Kapitel nicht mehr das Thema; die hier erwähnten Fälle betreffen keine Minderjährigen. Es geht um Sex *neben* der bestehenden Ehe, also um Ehebruch und ehebruchähnliche Handlungen. Das gilt auch für Vers 13, den ich weiter oben schon zitiert habe:

Liegt einer mit einem Mann, wie man mit einer Frau liegt, dann haben beide eine Gräueltat begangen; sie sollen getötet werden; ihr Blut komme über sie (Lev 20,13).

Wieder haben wir hier im Original die Formulierung: »Wenn ein *isch* mit einem *sachar* liegt …« Aber weil wir es in diesem Kapitel mit Sex *neben* der Ehe zu tun haben, könnte als *sachar*, als männlicher Mensch, *in diesem Zusammenhang* auch ein anderer freier israelitischer Mann als Mitbeteiligter in Frage kommen. Kritisiert würde hier aber nicht das Geschlecht des Sexpartners, sondern die Tatsache, dass mit diesem Sex eine Ehe gebrochen und womöglich eine intakte Familie zerstört würde.[38] Anders gewendet ist es eine Präzisierung der Botschaft an den *isch*: Glaub nicht, dass es nur Ehebruch ist, wenn du es mit anderen Frauen treibst – auch wenn du dich an einen Mann heranmachst, brichst du deine Ehe.

Zudem könnten auch hier die erwähnten Beobachtungen Steven Greenbergs eine Rolle spielen. Demnach bezieht sich das Gebot auf »die Art Sex zwischen Männern, die darauf abzielt, die Macht und Herrschaft des Penetrierenden zum Ausdruck zu bringen«[39].

Unter den Kommentatoren herrscht Uneinigkeit darüber, ob dann penetrativer Sex in *einvernehmlichen* Beziehungen zwischen unverheirateten Männern okay ist. Manche tendieren dazu, eine generelle Ablehnung zu sehen; andere sehen im Text dafür keinen Anhaltspunkt.[40] Mir scheint, dass nur diejenigen, die sich den Vers 13 isoliert herauspicken, eine generelle Verurteilung herauslesen können. Betrachtet man das Kapitel in seinem Zusammenhang, muss man anerkennen, dass es auf die Kritik sämtlicher nebenehelicher sexueller Eskapaden von verheirateten Menschen zielt. Vers 13 und alle umliegenden Verse sind dann Antworten auf die Frage: »Was heißt ›Du sollst nicht ehebrechen‹ in den Zehn Geboten?«

Die geforderten Strafen mögen uns heute drastisch erscheinen (ganz gleich, ob sie nun von Menschen oder von Gott ausgeführt werden sollten)[41]. Ob es im Judentum je zur Verhängung der Todesstrafe für die in Levitikus 20 genannten Vergehen kam, ist zu bezweifeln – es existieren keinerlei Dokumente jüdischer Gerichte, die das bestätigen könnten. Zudem verlangte das jüdische Recht für eine Verurteilung zwei an der Tat unbeteiligte Augenzeugen – was in solchen Fällen ziemlich schwierig gewesen sein dürfte. Im rabbinischen Denken machte man mit der Zeit immer mehr kritische Einschränkungen, bis es im Judentum irgendwann (anders als im späteren Christentum) unmöglich war, die Todesstrafe noch zu verhängen.

Zusammenfassend lässt sich jedenfalls feststellen, dass Levitikus 20,13 nicht seriös dafür herangezogen werden kann, Aussagen über gleichberechtigte, einvernehmliche sexuelle Beziehungen zwischen unverheirateten Männern zu machen. Denn darum geht es hier einfach nicht.

Worum geht es dann?

Die Zehn Gebote beginnen im Buch Exodus mit dem Satz: »Ich bin JHWH, dein Gott, der dich aus dem Land Ägypten geführt hat, aus dem Sklavenhaus« (Ex 20,2). Ihr Ausgangspunkt ist also der Auszug aus der Sklaverei. Weil Gott die Israeliten aus der Sklaverei befreit hat – so geht der Gedanke dahinter –, sollen die Gebote dafür sorgen, die gewonnene Freiheit zu bewahren. Levitikus 20 spielt ebenfalls mit der wiederholten Wendung »Ich bin JHWH, euer Gott« darauf an. Das ist nicht nur eine autoritätsheischende Formel, sondern ein Schlüsselsatz, der auf die hinter allem stehende Theologie hinweist: Gegenüber anderen Göttermythen in und um Israel wird damit gesagt, dass JHWH anders ist als andere Götter: »Er« tut nicht dann etwas für seine Leute, wenn sie gehorsam sind und ihm genügend Opfergaben darbringen, sondern dann, wenn sie unter Ausbeutung und Unterdrückung leiden. Er will nicht, dass Menschen leiden; er will, dass sie frei sind und die Schönheit des Lebens genießen können. Und so wie Gott handelt, um Leiden unter den Menschen zu beenden, sollen auch die Menschen alles tun, dass niemand unter ihnen leiden muss. Deshalb sollen sie sich um Arme, Behinderte und Fremde kümmern (Lev 19), deshalb sollen sie in ihren Familien keine sexuelle Gewalt zulassen (Lev 18), und deshalb sollen sie ihre Familien nicht durch Seitensprünge und sexuelle Machtdemonstrationen an anderen gefährden (Lev 20).

Manche Bibelausleger unterscheiden in diesen Texten geflissentlich zwischen »kultischen«, »sozialen« und »persönlichen« Geboten, aber das scheint mir an der Realität im Volk Israel vorbeizugehen. Es dürfte sich dabei um eine Rückprojektion von modernen Vorstellungen handeln, da wir seit dem 19. Jahrhundert gewohnt sind, »Arbeitsleben«, »Privatleben« und »Glaubensleben« fein säuberlich zu trennen. In Israel bzw. Juda sind die Grenzen wesentlich fließender, und vor allem gibt es ein Bewusstsein, dass die Gottesverehrung nicht bloß im

Tempel stattfinden darf, sondern dass in allen Bereichen des Lebens der Wille Gottes verwirklicht werden soll. »Ihr sollt heilig sein, denn ich bin heilig, JHWH, euer Gott« (Lev 19,2) ist ein Aufruf zur Heiligung des Lebens in allen seinen Aspekten und Bereichen, auch im Alltag, auch beim Sex.

Der Verständigung darüber dienen die Gebote. Unterschiedliche Menschen mögen dazu unterschiedliche Auffassungen haben, wie das Leben zu heiligen ist – ob das beispielsweise allein in offiziell geschlossenen Ehen oder auch in anderen Beziehungen möglich sein kann. Darüber kann diskutiert werden. Wenn ich diese in vielem fremd anmutenden Texte aus lange vergangenen Zeiten lese, höre ich aus allen Versen *ein* Grundgebot heraus, das über allem anderen zu stehen scheint: Lass nicht zu, dass andere unter deinem Handeln zu leiden haben. Lerne, von den anderen her zu denken. Gott hat es dir vorgemacht.[42]

4. Paulus: Römer 1,22–31 und 1 Korinther 6,9–10

Womöglich hat kein Mensch jemals so viel Einfluss auf das Denken im Abendland gehabt wie der Apostel Paulus. Spuren seines Denkens über Richtig und Falsch, Gott, die Welt und den Sex stecken uns wohl allen in den Knochen. Deshalb kommen wir an ihm – ob gläubig oder nichtgläubig – nicht vorbei. Natürlich hat Paulus nie über »Homosexualität« nachgedacht. Er kannte weder den Begriff noch das Konzept einer besonderen Gruppe von Menschen mit »gleichgeschlechtlicher Orientierung«. Über gleichgeschlechtlichen Sex hat er nur zweieinhalb Sätze geschrieben. Trotzdem wurde er im Lauf der Zeit von der christlichen Theologie zum Kronzeugen gemacht für die Verurteilung sexueller Handlungen zwischen Menschen des gleichen Geschlechts.

Sein Denken ist komplex. Und es birgt manche Fallstricke, will man kulturelle Hintergründe und Denkströmungen seiner Zeit ausleuchten. Er war ja nicht einfach ein Jude wie die in und um Jerusalem lebenden Angehörigen seines Volks. Er stammte aus der Stadt Tarsus in Kleinasien (in der heutigen Türkei), und wuchs dort in einer jüdischen Diasporagemeinde auf, das heißt, in einer Minderheitssituation innerhalb der dortigen hellenistisch-römischen Kultur. Das, was die dort ansässigen Juden beschäftigte, unterschied sich in vielen Dingen von dem, worüber sich Juden in Judäa Gedanken machten. Ob er selbst längere Zeit in Jerusalem lebte, ist heute eher zweifelhaft. In seinen späteren Jahren, als er bereits zum Glauben an Jesus als den Messias gefunden hatte, brachte er die meiste Zeit seines Lebens in Kleinasien und Griechenland zu.

Diesen multikulturellen Hintergrund gilt es jedenfalls zu berücksichtigen, wenn man einschätzen will, aus welchen Quellen sich die Gedanken von Paulus speisten.

Im Frühjahr 56 n. Chr. schrieb Paulus in Korinth einen langen Brief an die Christen von Rom. Die meisten von ihnen lebten dort unter einfachsten Verhältnissen im Stadtteil Trans Tiberim (heute Trastevere), der hauptsächlich von Arbeitern und Ausländern bevölkert war. Sie waren mehrheitlich keine römischen Bürger, sondern rechtlose Zugewanderte, Sklaven oder ehemalige Sklaven. Sie versammelten sich in Hausgemeinden. Die jüdischen Christen unter ihnen fühlten sich auch in den Synagogen des Viertels heimisch; die übrigen, diejenigen »aus den Völkern«, wie man sagte, glaubten dagegen manchmal, mit ihrem Christusglauben den Juden überlegen zu sein.[43]

Paulus möchte Rom besuchen, deshalb schreibt er. Er war noch nie in der Stadt und kennt die Christen dort nicht persönlich, also muss er sich ihnen vorstellen und erklären, wie er denkt und was ihn bewegt. Er ist mit seiner Botschaft nicht unumstritten unter den Jesus-Anhängern und muss mit Misstrauen rechnen. So sucht er gleich im ersten Kapitel seines Briefs einen Ausgangspunkt, dem auch die Adressaten zustimmen können. Er schreibt darum vom unwürdigen Treiben derer, die sich weder an den Gott Israels noch an Christus halten:

22 *Sie prahlten damit, weise zu sein, aber sie machten sich nur lächerlich.* **23** *Sie tauschten die Herrlichkeit des unvergänglichen Gottes ein gegen Abbilder von vergänglichen Menschen und Vögeln, Vierfüßlern und Kriechtieren.* **24** *Darum lieferte Gott sie durch das Begehren ihrer Herzen der Unreinheit aus, sodass sie ihre Körper untereinander entwürdigten,* **25** *die Wahrheit Gottes gegen die Lüge eintauschten und das Geschöpf anbeteten und verehrten anstelle des Schöpfers – gepriesen sei er in Ewigkeit. Amen.* (Röm 1,22–25)

Paulus denkt hier offenbar an Menschen, die seiner Auffassung nach durchaus in der Lage wären, den einen, ewigen Gott zu erkennen, die aber dennoch lieber Abbildungen von Menschen und Tieren anbeten und dann anscheinend würdelose Dinge tun.

Mit seiner Schilderung wird er die Christen in Rom mehrmals zu wissendem Kopfnicken gebracht haben. Denn das, was heute in seinem Text nicht auf Anhieb verständlich ist, dürften viele von ihnen gut gekannt haben: Die »Abbilder vergänglicher Menschen« (Vers 23) waren wohl Statuen des Kaisers, der überall im Römischen Reich als Gott verehrt werden musste. Und die »Abbilder von Vögeln, Vierfüßlern und Kriechtieren« dürften Tierfiguren gewesen sein, die in Geheimkulten angebetet wurden: Ursprünglich gab es die kultische Verehrung von Vögeln, Säugetieren und Reptilien im Mittelmeerraum nur in Ägypten, aber seit einiger Zeit waren importierte Mysterienkulte aus dem Nahen Osten der letzte Schrei bei der Elite von Rom.

Reich geworden durch Erträge aus den Kolonien, ausgestattet mit guten Verbindungen zur Politik, lebte die – zahlenmäßig winzige[44] – Oberschicht der Stadt in Luxus, ohne finanzielle Sorgen, hielt sich für alle Arbeiten Sklavinnen und Sklaven und war für jede Attraktion und Ablenkung zu haben. Die Geheimkulte versprachen einen Hauch von Exklusivität; und oft wurden daraus Sexorgien mit orientalischem Flair. Den Teilnehmern wird es dabei eher gleichgültig gewesen sein, ob das überhaupt noch etwas mit den ursprünglichen ägyptischen oder mesopotamischen Kulten zu tun hatte.

Schon Kaiser Claudius (Regierungszeit 41–54 n. Chr.) hatte sich daran gestört und versucht, die traditionellen römischen Götterkulte wieder zu stärken. Das blieb aber ohne nachhaltigen Erfolg; am Ende war z. B. der aus Ägypten importierte, römisch aufgepeppte Isis-und-Osiris-Kult für die Schickeria interessanter. Den Juden und Christen in Rom werden diese Vergnügungen indessen ziemlich widerwärtig vorgekommen sein. Möglicherweise hatten etliche von ihnen als Sklaven ihrer Herrschaften selbst daran teilnehmen und – wie Paulus es ausdrückt – ihre »Glieder in den Dienst der Unreinheit und der Gesetzlosigkeit« (Röm 6,19) stellen müssen. Manche von ihnen wurden auch zur Prostitution gezwungen, um Geld in die Kassen ihrer Besitzer zu bringen. Sie alle werden Paulus' Abscheu angesichts dieser Mischung aus Kaiserkult, Exotik und sexueller Ausbeutung lebhaft zugestimmt haben – unabhängig davon, ob es sich dabei um Spiele mit dem gleichen oder einem anderen Geschlecht handelte.

Ausdrücklich um gleichgeschlechtlichen Sex geht es dann in den folgenden Versen, wo Paulus von den ethischen Konsequenzen der diversen Kultpraktiken spricht:

26 *Deshalb lieferte Gott sie ehrlosen Leidenschaften aus: Die Weibli-*
chen unter ihnen tauschten ihren natürlichen Gebrauch gegen einen
unnatürlichen ein; **27** *ebenso gaben auch die Männlichen den natür-*
lichen Gebrauch der Frau auf und entbrannten in Begierde zueinan-
der; Männliche begingen Schamloses mit Männlichen und erhielten
an sich selbst den ihnen gebührenden Lohn für ihre Verirrung. **28**
Und weil sie es nicht für passend hielten, sich nach ihrer Erkenntnis
an Gott zu halten, lieferte Gott sie einem verkommenen Denken aus,
sodass sie tun, was sich nicht gehört: **29** *Sie sind voller Ungerechtig-*
keit, Schlechtigkeit, Habsucht und Bosheit, voll Neid, Mord, Streit,
List und Niedertracht, sie verleumden und treiben üble Nachrede, **30**

sie verachten Gott, sind gewalttätig, hochmütig und prahlerisch, einfallsreich im Bösen und den Eltern ungehorsam, **31** *gedankenlos, treulos, lieblos und erbarmungslos.* (Röm 1,26–31)

Anscheinend möchte Paulus hier in einer Art »politischer Theologie« eine ganze Reihe von gesellschaftlichen Missständen als Folge der zuvor geschilderten Kultpraktiken darstellen: Wenn die Menschen nicht den ewigen Gott, sondern sterbliche Menschen verehren oder aus exotischen Kulten Sexorgien machen, dann führt das – wie er meint – letztlich zu Zynismus, Niedertracht, Mord und Totschlag, zum Ausstieg von Frauen aus ihrer »natürlichen« Rolle und zum Sex zwischen Männern.

Warum stellt er ausgerechnet den gleichgeschlechtlichen Verkehr in die Reihe der Übel?

Zum Teil zählt er diesen zum ausschweifenden Verhalten der römischen Oberschicht. Doch er hatte sicher noch mehr vor Augen: Es gab ja eine Form des gleichgeschlechtlichen Sexes, die im Römischen Reich gesellschaftlich akzeptiert war, und das war der herrschaftsförmige, penetrative Sex freier römischer Männer an Kriegsgefangenen, Sklaven und Jungen. Römische Männer, die als Untertanen des Kaisers und als dessen Soldaten in den Kolonien oft genug selbst gehorsame Verfügungsmasse waren, kosteten in solchen Akten der Penetration ihre Überlegenheit über die unterworfenen Völker aus. (Dasselbe taten sie zu Hause mit Ehefrauen, Sklavinnen und anderen, die »von Natur aus« unter den Männern standen. Im Grunde spielte bei dieser Art Sex das Geschlecht des Sexobjekts nur eine untergeordnete Rolle.)

Penetration war Herrschaftsgebaren, Erniedrigung der Penetrierten. Zwischen freien Männern durfte das auf keinen Fall geschehen: Es hätte die gesellschaftliche Ordnung in Frage gestellt, die im Römischen Reich auf extremer Ungleichheit beruhte. Die Oberen durften sich nicht so verhalten wie die Unteren – und umgekehrt. Der römische Schriftsteller Seneca der Ältere (54 v. Chr.–39 n. Chr.) hielt fest: »Unzucht [hier: die passive Rolle beim Sex] ist für den freien Mann eine Schande, für einen Sklaven dagegen ist sie die unbedingte Pflicht gegenüber seinem Herrn.«[45] (Natürlich gab es auch in jener Zeit – wie zu allen Zeiten – gleichberechtigten, lustvollen Sex unter freien Erwachsenen auf der Basis von Respekt und Zuneigung, aber der fand eher im Verborgenen statt, weil er geächtet und diskriminiert war.)

Was Paulus also vor Augen hatte und verurteilte, waren deshalb vielleicht nicht nur die Kultorgien der Elite, sondern auch der allgemein akzeptierte gleichgeschlechtliche Sex im Römischen Reich. Und der war in der Regel Gewalt an Unterlegenen. Insofern hatte Paulus – als Angehöriger eines der unterworfenen Völker – durchaus Grund, diese Art Sex in seine Aufzählung der gesellschaftlichen Übel aufzunehmen. Und insofern kann man ihm hier, wie die Bibelwissenschaftlerin Silvia Schroer zurückhaltend formuliert, »vielleicht teilweise folgen«[46].

Aber eben nur teilweise. Alles wäre einleuchtend, wenn Paulus sich daraufhin zu einer klaren Verurteilung sexualisierter Gewalt durchgerungen hätte. Im ersten Kapitel des Römerbriefs spricht Paulus aber nicht von der Gewalt an Abhängigen und auch nicht davon, dass hierbei die einen Täter und die anderen Opfer sind. Wenn er in Vers 27 schreibt, dass die »Männlichen« zu anderen Männern »in Begierde entbrannt« seien, sieht er hier auf allen Seiten ein freiwilliges, also schuldhaftes Verhalten. Einmal abgesehen von der irritierenden Formulierung vom »natürlichen Gebrauch der Frau«, wirft Paulus hier alle in einen Topf: missbrauchte Jugendliche und Sklaven ebenso wie römische »echte Männer« (*veri viri*). Er verurteilt nicht Gewaltverhältnisse, sondern generell den Sex zwischen Männern, auch jenen, bei dem niemand zum Opfer wird. Warum?

Etliche christlich-theologische Kommentare geben folgende Antwort: Paulus habe »als Jude« gar nicht anders gekonnt, als gleichgeschlechtliche Sexualpraktiken abzulehnen, seine Urteile lägen »klar auf der Linie alttestamentlich-jüdischen Denkens«; für ihn widerspreche der Sex zwischen männlichen Personen »dem levitischen Verbot homosexueller Beziehungen«.[47] Paulus habe also seine Ablehnung des gleichgeschlechtlichen Sexes aus dem Judentum bezogen; oft heißt es sogar anachronistisch: aus dem »Homosexualitätsverbot« im Buch Levitikus. Das Judentum sei demnach die Quelle der Ablehnung von gleichgeschlechtlichem Sex; Griechen und Römer seien in dieser Hinsicht »offener«.

Das aber ist eine falsche Spur. Christliche Forscher sehen immer noch allzu gern die Wurzel aller Übel im Judentum. Doch wie ich im vorigen Abschnitt erläutert habe, war das Buch Levitikus in seiner Entstehungszeit das revolutionäre Buch der Freiheit Israels und des Schutzes der Nichtprivilegierten, entstanden in einem begrenzten Zeitfenster der besonderen Sensibilität für die Situation der statuslosen kleinen Leute. In den Kapiteln 18 und 20 wird dort – wie gezeigt – keineswegs gleichgeschlechtlicher Sex verurteilt, sondern innerfamiliärer Missbrauch, Ehebruch und sexualisierte Gewalt. Es verfängt also nicht, Israel für die Ächtung gleichgeschlechtlichen Sexes verantwortlich zu machen.[48]

Wenn es in Israel zu einer Missbilligung der gleichgeschlechtlichen Sexualität kam, war dies nach der Einschätzung des Alttestamentlers Erhard Gerstenberger eine »Späterscheinung« zur Zeit der hellenischen und römischen Herrschaft – anfangs seien die betreffenden Verse im Buch Levitikus nicht als »totale Ächtung der männlichen Homosexualität«[49] verstanden worden. Und der Religionswissenschaftler Karl Hoheisel erläutert: »Stärkere Berührung mit der hellenistischen Welt ließ anscheinend auch Homosexualität als besondere Gefahr erscheinen.«[50]

Das verweist uns zurück auf die Zeit von Paulus, auf das 1. Jahrhundert n. Chr., die Zeit der »griechisch-römischen Globalisierung«[51]. Wie schon erwähnt, gehörten in jener Zeit Sklaverei, Prostitution und Hetärenwesen zum Alltag. Sex war für freie Männer »problemlos und […] beinahe uneingeschränkt konsumierbar«[52] und Teil der römischen Herrschaftskultur. Das stieß nicht nur bei Paulus auf Ablehnung, sondern auch in der Stoa, der damals einflussreichsten griechisch-römischen Philosophie, sowie in einigen jüdischen Schriften der griechischsprachigen Diaspora.

So bezog Paulus seinen Begriff der »Natur« (der im Tanach, der jüdischen Bibel, nicht vorkommt) von den Stoikern. Diese empfanden die allgemeine sexuelle Verrohung als etwas Unechtes, Gekünsteltes, deshalb rieten sie, sich wieder an die »Natur« zu halten, meinten damit aber nicht Wald und Wiesen, sondern die »natürliche« Ordnung der Gesellschaft, wobei auch die herrschende Stellung der Männer und die Unterordnung der Frauen als »natürlich« galt.[53] Wenn sie etwas als »unnatürlich« bezeichneten, meinten sie nicht, »daß es abstoßend ist, sondern daß es den sozialen Regeln nicht entspricht oder ein Irrweg und künstlich ist«[54].

Paulus greift das auf, wenn er im Römerbrief 1,26–27 vom »natürlichen« und »unnatürlichen« Umgang mit Männern und Frauen spricht.[55] Dabei dachte er nicht an verschiedengeschlechtlichen und gleichgeschlechtlichem Verkehr, sondern daran, dass alles »unnatürlich« war, was die traditionellen Geschlechterrollen durcheinanderbringt. »Das übergeordnete Deutungssystem«, schreibt der Neutestamentler Wolfgang Stegemann, »ist [...] hier nicht die Differenzierung in Homo- und Heterosexualität, sondern die Dichotomie der Geschlechter.«[56]

Ebenso dürfte Paulus seine Ablehnung der Leidenschaft von der stoischen Philosophie übernommen haben. Die Stoiker fanden, ein ehrenhafter Mann sollte unbedingt Haltung bewahren und sich von Gefühlen und Leidenschaften nicht in Besitz nehmen lassen. Paulus war derselben Meinung: Von Leidenschaften aller Art sollte man sich auf keinen Fall beherrschen lassen. In Römer 1,26 spricht er davon, dass Gott die Menschen wegen der Beteiligung an verschiedenen Kulten ihren Leidenschaften *ausliefert*. Das heißt: Leidenschaften sind für ihn eine Art Strafe: ein Getriebensein, das den Menschen die Selbstbestimmung raubt und letztlich zu allen Formen von unethischem Verhalten führt. Leidenschaften sind für ihn Mächte, die Freiheit und Frömmigkeit zerstören.

Deshalb sei es besser für den Mann, »eine Frau nicht zu berühren« (1 Kor 7,1) – und selbstredend auch keinen Mann. Nur »wegen der Gefahr der Unzucht« (wie die katholische *Einheitsübersetzung* züchtig formuliert) solle jeder Mann »seine Frau haben und jede Frau ihren Mann«, damit sie einander gegenseitig »ihre Pflicht erfüllen« (1 Kor 7,2–3). Das Begehren müsse im Zaum gehalten werden, damit es der Ausrichtung des Lebens auf Christus nicht im Wege stehe.

Viele Grundhaltungen von Paulus wurden also auch von anderen, nichtjüdischen Denkströmungen seiner Zeit geteilt. Doch in der griechischsprachigen jüdischen Diaspora (also in jüdischen Gemeinden außerhalb Israels, wo man stärker mit der griechisch-römischen Sexualkultur konfrontiert war) zeigt sich in jener Zeit ebenfalls eine Tendenz, die Gebote der Tora in der Konfrontation mit der griechisch-römischen Kultur strenger auszulegen.[57] Vermehrt finden sich dort Verurteilungen von gleichgeschlechtlichem Sex und allem, was man damit assoziierte. Die Sodom-Erzählung in Genesis 19 sowie die Gebote in Levitikus 18 und 20 werden nun häufiger als allgemeine Verurteilung von Sex zwischen Männern gelesen, also unter Ausblendung der humanen Intentionen dieser Texte.[58]

Zu dieser Literatur gehört beispielsweise das *Buch der Weisheit*, das im 1. Jahrhundert n. Chr. im ägyptischen Alexandria entstand. Es richtet sich an Juden, die zwischen jüdischen Traditionen und der griechischen Kultur hin- und hergerissen sind. Das Buch will sie für das jüdische Leben zurückgewinnen. Deshalb ist dort mit Blick auf die griechisch-römische Umwelt die Rede von abstoßenden Gepflogenheiten:

Sie feiern kindermörderische Opferbräuche oder geheime Kulte oder wilde Gelage nach fremden Sitten, halten weder ihr Leben noch ihre Ehen rein. Einer tötet heimtückisch den anderen oder beleidigt ihn durch Ehebruch. […] Werte werden in ihr Gegenteil verkehrt, Undankbarkeit herrscht, Seelen werden befleckt, Geschlechter vertauscht, Ehen zerrüttet; sie begehen Ehebruch und Ausschweifungen. (Weish 14,23–26)

Hier erinnert vieles an Paulus' Schilderung von Kultorgien und an seine Aufzählung der gesellschaftlichen und zwischenmenschlichen Missstände – bis hin zur »Vertauschung der Geschlechter«. Wie Paulus reagiert das *Buch der Weisheit* auf die Erfahrungen mit der hellenistisch-römischen Kultur. Die Sexualität erscheint nun insgesamt als etwas Problematisches, denn, so dachten viele, »selbst wenn sie im Rahmen des Erlaubten begann, konnte sie, wenn sie einmal wachgerufen worden war, nur allzu leicht in die Sünde abgleiten«[59]. So kam es, dass »für Israel Sexualität im 1. Jahrhundert zu einer durch und durch angstbesetzten und schuldbeladenen Angelegenheit geworden war«[60].

Zusammenfassend kann man sagen: Was sowohl Paulus, andere jüdische Autoren seiner Zeit als auch die Stoa so sehr gegen »unnatürliche« und leidenschaftliche Sexualität einnahm (der gleichgeschlechtliche Sex war nur ein Teilaspekt davon), stammte nicht aus der jüdischen Tradition, sondern war eine Reaktion auf die sexuellen Exzesse ihrer eigenen Zeit.

Im rabbinischen Judentum arbeitete man in den folgenden Jahrhunderten allerdings daran, diese allzu angstvolle Sicht des Sexuellen wieder abzubauen. Das *Buch der Weisheit*, das ein Teil des christlichen Alten Testaments wurde, wurde nie in den Tanach aufgenommen, und auch die Schriften des jüdischen Philosophen Philon von Alexandria und des jüdischen Historikers Flavius Josephus spielten im rabbinischen Judentum keine wesentliche Rolle.

Paulus indessen verblieb im Denken seiner Zeit, in der viele Zeitgenossen Sexualität und Leidenschaft als äußerst problematisch empfanden. Etwas davon wird auch in der zweiten Textstelle sichtbar, in der sich Paulus über gleichgeschlechtlichen Sex äußert. Dort, in einem Brief an die christliche Gemeinde von Korinth aus dem Jahr 54/55 n. Chr., hat er nicht irgendwelche »Anderen« – Anhänger fremder Kulte – und deren Verhalten im Blick, sondern die Mitglieder der Gemeinde selbst. Er warnt sie vor denselben Verfehlungen, die er im Römerbrief bei den »Götzenanbetern« geißelt:

Wisst ihr nicht, dass Ungerechte das Reich Gottes nicht erben werden? Täuscht euch nicht! Weder Unzüchtige noch Götzenanbeter noch Ehebrecher noch malakoì *noch* arsenokoítai *noch Diebe noch Habgierige noch Trinker noch Lästerer noch Räuber werden das Reich Gottes erben.* (1 Kor 6,9–10)

Auch hier begegnet uns die Mischung aus sozialen, zwischenmenschlichen und sexuellen Vergehen, die Paulus in einem inneren Zusammenhang sieht. Neben anderen Übeltätern geht es hier um die *malakoì* und *arsenokoítai* (die ich zunächst nur auf Griechisch zitiere, weil die gängigen Übersetzungen allzu schnell Eindeutigkeit nahelegen). Wer ist damit gemeint?

Der Ausdruck *arsenokoítai* ist, bevor Paulus ihn gebrauchte, nirgends belegt[61]; manche Ausleger meinen deshalb, Paulus habe den Ausdruck selbst geprägt. Wenn es so war, dann hätte er, der nirgendwo ausdrücklich die Gebote von Levitikus 18,22 und 20,13 erwähnt, hier nun doch eine Verbindung dazu hergestellt. Wie hat er es gemacht?

In Levitikus 18,22 und 20,13 geht es, wie bereits erläutert, um den *isch*, das Familienoberhaupt, das nicht mit einem *sachar*, einem anderen »Männlichen«, liegen soll. In der *Septuaginta*, einer verbreiteten griechischen Bibelübersetzung, die Paulus häufig benutzte, steht für *sachar* zutreffend das Wort *ársenos*, also *männlich*. Die *arsenokoítai* sind dann »die mit einem Männlichen Liegenden«. Das ist korrekt ins Griechische übersetzt, aber in Levitikus handelt es sich um einen Satzteil (»mit einem Männlichen liegen wie mit einer Frau«), der erst im Zusammenhang mit dem jeweils ganzen Kapitel verständlich wird. Bei Paulus wird daraus ein neues knappes Substantiv, sozusagen ein *terminus technicus*, der ohne seinen ursprünglichen Kontext verwendet werden kann: also ohne den Blick auf Sex mit Abhängigen im Familienverband in Levitikus 18,22 und nebenehelichen Sex in 20,13. Und schon geht es nicht mehr um den Schutz von Abhängigen und den Schutz der ehelichen Gemeinschaft. Die *arsenokoítai* sind damit zu einer pauschalen Bezeichnung für Männer geworden, die »mit einem Männlichen liegen« und Sex mit ihm haben.

So gehen mit der Wortschöpfung die Absichten von Levitikus auf dem Wege ihrer Entkontextualisierung verloren. Aus der Warnung vor Gewalt wird das Verbot einer bestimmten sexuellen Praxis. Die erwähnte Tendenz zur strengeren Auslegung der Tora in der jüdischen Diaspora im 1. Jahrhundert (und nur dort) zeigt sich damit auch an der Wortschöpfung des Paulus: Aus einer Regel des Zusammenlebens wird ein Urteil über eine Praxis bestimmter Menschen.

Der zweite zur Klärung stehende Ausdruck *malakoì* war als Schimpfwort verbreitet und wird in den meisten deutschen Übersetzungen mit »Weichlinge« wiedergegeben. Sollten mit dem Wort tatsächlich Männer als Weichlinge beschimpft werden, dann stünden hier im Hintergrund die Männlichkeitsideale der hellenistisch-römischen Kultur: Nur harte Männer sind echte Männer! Natürlich wäre es fatal, wenn Paulus hier tatsächlich diesen polemischen Gehalt des Wortes aufgreifen und sich zu eigen machen würde.

Viele Interpreten denken deshalb lieber, dass die *arsenokoítai* die aktiven und die *malakoì* die passiven Partner beim gleichgeschlechtlichen Sex sein könnten.* Das ist denkbar; für eine entsprechende Verwendung von *malakoì* gibt es Belege (wobei, wenn die passiven Partner Sklaven, Kriegsgefangene oder minderjährige Jungen sind, Paulus hier wiederum Täter und Opfer zusammen verurteilen würde).

Ich möchte demgegenüber auf eine weitere Möglichkeit aufmerksam machen. War in griechischsprachigen Gegenden von

* Bei dieser Gelegenheit sei daran erinnert, dass es sich dabei um Klischees handelt. Beim einvernehmlichen Sex gibt es keine aktiven und passiven Rollen, sondern nur das wechselseitige, höchst aktive Spiel von Geben und Empfangen und Genießen, das sich unabhängig von Penetrieren und Penetriertwerden entspinnen kann. Wenn ich in diesem Buch trotzdem der Einfachheit halber die Begriffe »aktiv« und »passiv« verwende, sollten die Anführungszeichen immer mitgedacht werden.

malakoì die Rede, sagte man dort, wo Lateinisch gesprochen wurde, *molles*.[62] Unter diesem Stichwort finden wir weitere Bedeutungen, die bedacht werden sollten. Die lateinische *mollitia* – Weichheit, Zärtlichkeit, Schwäche, aber auch Wollust – ist ein Oberbegriff, der wesentlich mehr umfasst als eine bestimmte sexuelle Rolle. Er bezieht sich weder auf bestimmte Körperteile noch auf konkrete Handlungen. Im Römischen Reich, dessen Männer in ihrer Mehrheit einmal als Soldaten zu dienen hatten, meinte *mollitia* jedes »unmännliche« Verhalten: u. a. den Mangel an Härte oder Nachgiebigkeit gegenüber dem Feind, dem Unterworfenen, dem Sklaven.

Auch im Sexuellen dürfte der Ausdruck deshalb nicht bloß die passive Rolle beim Sex bezeichnen, sondern eine weiter gefasste Grundhaltung. *Mollitia* kann für alles stehen, was mehr ist als die rasche Penetration durch harte römische Männer: Ausschweifung, Lust, Liebesspiel, Zärtlichkeit. Philippe Ariès charakterisiert *mollitia* als ein umfassendes erotisches Tun, »ein Ensemble von Praktiken, die den Koitus hinauszögerten, wenn sie ihn nicht gänzlich vermieden, und zwar mit dem Ziel, besser und länger zu genießen, also ausschließlich der Lust wegen«[63].

Dieses Verständnis von *malakoì/molles* erklärt möglicherweise besser, warum die *malakoì* für Paulus etwas Negatives sind: nicht weil er sie als »Weichlinge« sieht, die dem römischen Männlichkeitsideal widersprechen, nicht weil er in ihnen die Penetrierten beim gleichgeschlechtlichen Sex (und damit möglicherweise Opfer patriarchalischer Gewalt) sieht, sondern weil sie für ihn möglicherweise die Anhänger ungezügelter Leidenschaften und Lüste sind, die ihm so suspekt sind. Leidenschaften ketten die Menschen seiner Ansicht nach ans Irdische und gefährden somit die Ausrichtung auf Christus.

Natürlich ist für Paulus Sexualität etwas Gottgewolltes, doch angesichts ihrer Funktion im Imperium Romanum geht er letztlich von der Annahme aus, »dass Sexualität sündhaft sei, was sie für viele Juden und Christen in der Spätantike gewiss war«[64]. Damit aber stellt das Gebot der Tora, fruchtbar zu sein (Gen 1,28), für ihn ein Dilemma dar: Vermehrung ist geboten, aber Sex ist sündig. Den Ausweg sieht er allein im Christusereignis: In Kreuzestod und Auferweckung Christi liegt für ihn die Hoffnung auf Erlösung auch von der Sündhaftigkeit der Sexualität.[65] Denn diejenigen, »die zu Christus Jesus gehören, haben ihr Fleisch mitsamt den Leidenschaften und Begierden gekreuzigt« (Gal 5,24). Wer dagegen immer noch seinen Leidenschaften nachgeht, fesselt sich an die Herrschaftsordnung der Zeit und verspielt seine Erlösung.

Insofern besteht für Paulus eine Spannung zwischen sexuellen Bindungen und der Bindung an Christus. Für die Bindung an Christus verwendet er interessanterweise das Verb *kollaó* – sich verbinden, verschmelzen, eins werden –, das er auch für den Geschlechtsverkehr mit Prostituierten (1 Kor 6,16) gebraucht.[66] Beide Verbindungen haben für ihn offenbar intimen Charakter. Der menschlich-sexuellen Erotik steht bei ihm die Christus-Erotik gegenüber.

Das ist der Hintergrund für seine Ablehnung des gleichgeschlechtlichen Sexes: Er ist *nur* Lust, während verschiedengeschlechtlicher Sex wenigstens den Aspekt der Pflichterfüllung haben kann. Als besondere, unabänderlich festgelegte Gruppe sah er die *arsenokoítai* sicher nicht – er hielt sie ja für fähig zur Umkehr, die er forderte. Wichtig war ihm vor allen Dingen, dass keine Art menschlicher Leidenschaft der Zugehörigkeit zum »Leib Christi« im Wege sein durfte. Mit diesem Gegensatz zwischen irdischen Bindungen und der Bindung an Christus hat er der Nachwelt jedenfalls ein Erbe hinterlassen, mit dem wir bis heute noch nicht fertig sind.

5. David und Jonatan, Rut und Noomi

Vielen gelten die Erzählungen über David und Jonatan (in den Samuelbüchern) und über Rut und Noomi (im Buch Rut) als Beispiele für »homosexuelle« Beziehungen in der Bibel. Werfen wir hier deshalb einen kurzen Blick auf sie! Was wird in ihnen erzählt? Wofür stehen sie?

Zunächst: Von sexuellen Beziehungen ist in diesen Erzählungen keine Rede, von intimen, vertrauensvollen Bindungen jedoch schon. Dass sie immer wieder als Belege für »Homosexualität in der Bibel« angeführt werden, bezeugt lediglich unsere heutige Neigung, Menschen nach Kategorien zu sortieren. Das geht aber an der Realität dieser Erzählungen vorbei.

Von Rut und Noomi wird erzählt, dass sie Ehemänner und Kinder hatten, bevor sie sich aneinander banden. Auch David und Jonatan hatten Ehefrauen und Kinder, und von David wissen wir, dass er weitere Beziehungen mit Frauen hatte und sexuellen Abenteuern nie abgeneigt war. Im Sinne des heutigen Entweder-oder-Denkens lassen sich hier keine Schlüsse ziehen.

Als allerdings David Jonatan kennenlernte, heißt es in auffällig erotischer Sprache, dass sich »Jonatans Herz aufs innigste mit dem Herzen Davids verband, und Jonatan liebte ihn wie sein eigenes Leben« (1 Sam 18,1), was durchaus als ein Sich-Verlieben in David verstanden werden kann. Und als David zuletzt die Nachricht vom Tode Jonatans empfängt, ruft er ihm nach: »Schmerz empfinde ich um deinetwillen, mein Bruder Jonatan, du warst mir eine große Lust, wunderbarer war deine Liebe für mich als Frauenliebe« (2 Sam 1,26).[67] Dabei lässt der Vergleich der Liebe Jonatans mit der Liebe zu Frauen »besonders aufhorchen«, wie die Alttestamentlerin Marie-Theres Wacker schreibt: »Die Liebe zwischen David und Jonathan wird über die Liebe zu einer Frau gestellt. Das muss man zwar nicht erotisch oder sexuell engführen, aber der Vergleich lässt es doch sprachlich zu oder schließt nicht aus, diese Ebene mitzuhören.«[68]

Indessen wollte Rut nach dem Tod ihres Mannes und ihrer Söhne unbedingt bei Noomi, ihrer ebenfalls verwitweten Schwiegermutter, bleiben. Sie sprach zu ihr:

Dränge mich nicht, dich zu verlassen und von dir wegzugehen. Denn wo du hingehst, da will auch ich hingehen, und wo du bleibst, da will auch ich bleiben. Dein Volk ist mein Volk, und dein Gott ist mein Gott. Wo du stirbst, will auch ich sterben, und dort will ich begraben werden […] Nur der Tod wird uns trennen. (Rut 1,16–17)

Das ist zunächst einmal ausgesprochen anrührend. Und es spricht eher für die Spießigkeit der Moderne, wenn angesichts solcher Worte allein die Frage erörtert wird, ob es sich zwischen den Beteiligten »wirklich« um »Homosexualität« und Liebe oder »nur« um Freundschaft handele. Tatsache ist, dass diese Erzählungen hier ohne solche Beziehungsetiketten und Grenzmarkierungen auskommen. Mit Blick auf die geschilderten Beziehungen fällt kein einziges Wort, das sie von anderen, »normalen« Beziehungen unterscheiden würde.

Das gilt für den Tanach generell: Während sexuelle Gewalt in Familien, Ehebruch und sexualisierte Gewalt nach Levitikus 18 und 20 nicht sein sollten, »wurden gleichgeschlechtliche Neigungen und Lebensgemeinschaften vom israelitischen Gesetz nie thematisiert und von den Erzählern jedenfalls nicht angeschwärzt«[69]. Offenbar waren die Erzähler und Hörer dieser Geschichten fähig, sie einfach als zutiefst menschliche Geschichten zu verstehen. Sie kamen gar nicht auf die Idee, die Personen in diesen Geschichten als irgendwie »Andersartige« darzustellen.

Das wird eindrucksvoll sichtbar bei der Szene, als sich David und Jonatan für immer voneinander verabschieden. Dort heißt es: »Und sie küssten einander und weinten miteinander, David aber am allermeisten« (1 Sam 20,41). Marie-Theres Wacker bemerkt zu dieser Stelle: »Wir können annehmen, dass die Kultur des Alten Israel offener war als die unsere für Emotionen, die auch von Männern gezeigt werden konnten, und auch für bestimmte Berührungen, die zwischen Männern stattfinden durften, wie das Küssen hier in dieser Szene. Vielleicht darf daraus geschlossen werden, dass auch die Grenze zur Homoerotik einigermaßen fließend war.«[70] Oder man sah hier überhaupt keine Grenze.

Vor Gott war die Beziehung zwischen den beiden Männern nicht mit Scham behaftet, wie aus den Abschiedsworten Jonatans zu sehen ist:

Geh in Frieden! Denn wir beide haben im Namen von JHWH geschworen und gesagt: JHWH sei Zeuge zwischen mir und dir, zwischen meinen Nachkommen und deinen Nachkommen in Ewigkeit. (1 Sam 20,42)

Oft werden in der theologischen Literatur solche »fluiden« Beziehungen geleugnet oder nicht wahrgenommen, weil sie einfach nicht in unsere modernen Denkmuster passen. Eine verbreitete Vorstellung besagt, dass es dauerhafte und gleichberechtigte Liebesbeziehungen zwischen Menschen desselben Geschlechts erst in unserer Zeit gebe – in der Antike und davor habe es lediglich flüchtige Sexualkontakte, Missbrauch mit Abhängigen oder Prostitution gegeben. Es handelt sich dabei um Urteile, die für unsere Kultur immer den höchsten zivilisatorischen Standard behaupten und auf alles andere als etwas Minderwertiges herabschauen: um den bereits erwähnten Orientalismus.

Doch natürlich gab es zu allen Zeiten und in allen Kulturen Männer, die mit Männern, und Frauen, die mit Frauen in liebevollen Beziehungen zusammenlebten.[71] Das mag im Wald der jeweils herrschenden Sitten mal schwieriger, mal einfacher gewesen sein, aber es sollte nicht dazu führen, allen früheren Menschen die Fähigkeit abzusprechen, zu lieben und ihrer Liebe in ihrem Leben Raum zu geben. Die wenigen biblischen Hinweise auf solche Liebesbeziehungen erscheinen mir deshalb besonders bedeutsam, weil diese in aller Selbstverständlichkeit geschildert werden, ohne dass sie als »Normabweichungen« klassifiziert würden.

Zudem kennt die Bibel Sex nicht nur als gewalttätiges Herrschaftsverhalten. Sie erzählt auch vom verliebten, zärtlichen, wilden, lustvollen Liebesspiel zwischen Menschen und feiert es – wie etwa im *Hohen Lied*. Sie weiß etwas vom Recht der Frauen auf genügend Sex und von der Pflicht der Männer, ihre Frauen sexuell und ökonomisch zufriedenzustellen.[72] Nicht alles war Missbrauch, nicht jede Penetration war zwangsläufig Gewalt.

Trotzdem setzen immer noch viele – auch liberale – Autoren der Gegenwart das, was in der Bibel als Gewalt männlicher Milizen (Gen 19, Ri 19), Missbrauch in der Familie (Lev 18), Ehebruch (Lev 20) und sexuelle Ausbeutung (Röm 1) gebrandmarkt wird, mit »Homosexualität« gleich. Das zeugt von einem Mangel an Unterscheidungsvermögen und setzt die Manöver früherer Zeiten fort, von patriarchalischer Gewalt abzulenken und stattdessen der Bibel zu unterstellen, sie diskriminiere gleichgeschlechtlich Liebende unter Berufung auf die Autorität Gottes.

Ein paar Stationen dieser Entwicklung sollen auf den folgenden Seiten näher betrachtet werden.

III
Von Sodom zur Sodomie

> »Das Gottesbild in einer Gesellschaft hängt selbstverständlich von der Verfasstheit und Position derer ab, die sich ein Bild von diesem Gott machen. So gibt es einen Gott der Kleriker und einen Gott der Laien, einen Gott der Mönche und einen Gott der Weltpriester, einen Gott der Mächtigen und einen Gott der einfachen Leute, einen Gott der Armen und einen Gott der Reichen.«[1]
> *Jacques Le Goff*

Was ist da geschehen, dass »die Homosexuellen« als Übeltäter ins Visier gerieten – anstelle der Machtmänner, Vergewaltiger, Kinderschänder und sklavenverschleißenden Schickeria-Hengste? Wie kam überhaupt eine solche klar unterscheidbare Gruppe von »Anderen« zustande, der man die Schuld an sexualisierten Gewaltverbrechen in die Schuhe schieben konnte?

Wie im vorigen Kapitel zu sehen war, gingen die biblischen Texte zu keinem Moment davon aus, dass sexualisierte Gewalt – und ebenso wenig einvernehmlicher gleichgeschlechtlicher Sex – allein die Sache einer klar auszumachenden Gruppe von irgendwelchen »Anderen« oder »Andersartigen« seien. Im Gegenteil: *Alle* führenden Männer der Stadt Sodom wollten die Vergewaltigung der beiden männlichen Besucher. Die Gebote im Buch Levitikus richteten sich an *alle* freien israelitischen Männer, und in der Regel waren diese verheiratet und standen einer umfangreichen Familie vor. Und auch Paulus war überzeugt, dass *alle* Menschen für Angehörige des gleichen Geschlechts »in Begierde entbrennen« konnten.

Anders gesagt: In biblischen Zeiten galt das Augenmerk nicht einer bestimmten *Art* von Menschen, sondern ihrem jeweiligen *Verhalten*. Die sexualethischen Gebote richteten sich folglich *an alle*. Niemand kam auf den Gedanken, eine fiktive Gruppe von »Andersartigen« als Urheber sexueller Gewalt auszumachen. Das ist die Ausgangssituation – so fremd sie heute den meisten Menschen vorkommen mag.

Von hier aus gilt es zu fragen, wie man darauf kommen konnte, dass Menschen mit gleichgeschlechtlichen Wünschen eine andere Art Menschen seien. Es ist eine Entwicklung in Jahrhundertschritten.

1. Sodom und Levitikus in jüdischen Schriften

Was die Sodom-Geschichte (Genesis 19) angeht, hat der sexuelle Aspekt – die angedrohte Massenvergewaltigung – die frühen jüdischen Kommentatoren nicht sonderlich beschäftigt. Die Interpretationen in den späteren biblischen Schriften wie auch im Talmud gingen vielmehr davon aus, dass das Vergehen von Sodom in der eigensüchtigen Anhäufung von Reichtum bestand, die dann auch zur Verletzung des Gastrechts und zur Gewalt gegen Fremde führte. Noch im 13. Jahrhundert hielt es Moses ben Nachman (1194–1270) in seinem Tora-Kommentar für den springenden Punkt der Geschichte, dass die Männer von Sodom mit ihrer Gewaltdrohung die Zuwanderung in die Stadt unterbinden wollten, um ihren Reichtum nicht mit Fremden teilen zu müssen. Auf die Idee, dass die Episode etwas mit gleichgeschlechtlicher Lust oder gar Liebe zu tun haben könnte, verfiel man, soweit ich sehen kann, im antiken und mittelalterlichen Judentum nicht.

Auch wo explizit sexuelle Handlungen zwischen Menschen des gleichen Geschlechts das Thema waren (Lev 18,22 und 20,13), kam niemand im antiken Judentum auf den Gedanken, dass die Handelnden einer bestimmten Gruppe von »anders veranlagten« Menschen angehören könnten. So sieht zum Beispiel ein Midrasch (eine jüdische Bibelauslegung) aus dem 4. Jahrhundert n. Chr. scharf, dass es in Levitikus 18,22 um das

Gewaltgefälle zwischen Erwachsenen und Minderjährigen geht – nicht um Andersartigkeit.[2] Im Jerusalemer Talmud (entstanden 5.–8. Jahrhundert) kreisen die Überlegungen vor allem darum, wie der Ausdruck »wie man mit einer Frau liegt« zu deuten wäre. An einer Stelle wird die Überlegung angestellt, dass das Gebot von Levitikus 18,22 jenen helfen könnte, die gegen ihren Willen zum Sex mit einem anderen Mann gezwungen würden.[3] Im 11. Jahrhundert hält Raschi (1040–1105), einer der bedeutendsten Kommentatoren von Tanach und Talmud, ausdrücklich fest, dass das Gebot von Levitikus 20,13 sich nicht auf junge Unverheiratete bezieht.[4]

Nirgendwo aber finden wir in den nachbiblischen jüdischen Schriften Hinweise darauf, dass »Homosexualität« als Merkmal bestimmter Menschen gesehen wurde, die sich dadurch bleibend von den übrigen Menschen unterscheiden würden.

2. Sodom im Neuen Testament

In der Entwicklung des Christentums rückte allmählich die Sodom-Geschichte bei Fragen der Sexualität in den Mittelpunkt des Interesses. Im Neuen Testament war es noch anders. Man glaubte noch nicht, dass es in dieser Erzählung in erster Linie um unerwünschte sexuelle Verhaltensweisen gehe. Die längst nicht mehr existierende Stadt Sodom galt vielmehr als Inbegriff von Hochmut und Unrecht und diente als Beispiel dafür, dass Gott durchaus fähig sei, gegen Orte der Gottlosigkeit und des Unrechts vorzugehen.

In den Evangelien spricht Jesus selbst mehrmals über Sodom: Für ihn ist die Stadt kein Symbol für sexuelle Praktiken, sondern ein Beispiel für Gottes Strafgericht. Den Städten, die sich seiner Verkündigung vom anbrechenden Reich der Gerechtigkeit versperren und nicht willens sind, ihre Wege des Unrechts zu verlassen, droht Jesus, dass es ihnen am Tag des Gerichts schlechter gehen werde als Sodom.[5]

Zwei Textstellen, eine im Judasbrief und eine im Zweiten Petrusbrief, bringen die Sünde von Sodom erstmals in Verbindung mit ausschweifendem Lebenswandel, mit der »Begierde nach Befleckung des Körpers«, mit der Lust auf eine Ehebrecherin, mit dem »Nachlaufen nach anderem Fleisch«, aber auch mit Bestechlichkeit.[6] Auf gleichgeschlechtlichen Sex richten auch diese Passagen kein besonderes Augenmerk. Sie beschäftigen sich – teils mit Vokabular, das auch Paulus benutzt – allgemein mit dem Problem des sexuellen Begehrens in ihrer Zeit, das, wie gezeigt, viele Menschen im Römischen Reich belastete.

Insofern ist dem Theologiehistoriker Mark Jordan zuzustimmen, wenn er sagt: »Sodom ist also zu diesem Zeitpunkt noch keine geografische Bezeichnung für eine bestimmte Art von Sünde. [… Es] sollte klar sein, dass es keinen Text der christlichen Bibel gibt, der Sodom als eine Geschichte über gleichgeschlechtliche Kopulation liest. Im Gegenteil, es gibt eindeutige Indizien im Text, dass die Sünde der Sodomiter eine Kombination aus Arroganz und Undankbarkeit war.«[7]

3. Sodom in der christlichen Literatur der Antike und des Mittelalters

Erst in der nachbiblischen christlichen Geschichte wächst die Neigung, die Sünde der Einwohner Sodoms im Sinne sexueller Ausschweifungen zu verstehen.[8] Beim Kirchenvater Hieronymus (347–420) finden wir schon den Ausdruck »Sodomiter« für Menschen, die etwas tun, was in Sodom getan wurde, aber es bleibt unscharf, was er genau damit meint. Denkbar sind alle weniger üblichen sexuellen Praktiken, auch mit der Ehefrau oder den Mätressen eines »Sodomiters«.[9]

Für Augustinus (354–430), den Kirchenlehrer und Bischof von Hippo Regius in Nordafrika, besteht die Sünde Sodoms zunächst in Sittenlosigkeit und Gotteslästerung, später auch in »Schandtaten wider die Natur«[10], im Verlangen nach gleichgeschlechtlichem Sex. Trotzdem ist bei Augustinus, wie Jordan präzise festhält, die »Ursünde der Sodomiter [...] nicht der Wunsch nach gleichgeschlechtlicher Paarung. Es ist vielmehr der gewaltsame Ausbruch des ungeordneten Verlangens selbst. Dieser Unterschied ist für Augustinus von entscheidender Bedeutung, wird aber bei der Lektüre seines Werks leicht übersehen.«[11] Im Übrigen sind die Sodomiter für Augustinus noch immer einfach die Einwohner von Sodom, die ihre Sünden »nach ihrer Gewohnheit«[12] begehen, also keine andersartigen Menschen, die nicht anders handeln könnten, sondern gewöhnliche Leute mit bestimmten Angewohnheiten.

Mit Papst Gregor dem Großen (Amtszeit 590–604) geht es einen Schritt weiter: Bei ihm verdrängt die sexuelle Interpretation der Sodom-Geschichte endgültig die allgemeineren ethischen Deutungen (die nur noch pflichtschuldig aufgezählt werden). Vor allem aber baut er die Geschichte von Sodom systematisch in sein moraltheologisches Konzept der *luxuria* (»Wollust«) ein.[13] *Luxuria* ist eine der sieben Todsünden, eine »Sünde des Fleisches und des Herzens«, also eine Sünde im Tun und im Denken. Und damit rückt auch die »Sünde von Sodom«, die einst ein Vergehen neben anderen war, ins Zentrum der Sündenlehre der Kirche: Solange *luxuria* die Seele bedrängt, ist in den Augen von Papst Gregor die christliche Erlösung unmöglich.[14]

Da *luxuria* ein breiter, unspezifischer Begriff war, kam bald das Bedürfnis auf, bestimmte sexuelle Taten genauer zu klassifizieren (Selbstbefriedigung, Ehebruch, Schenkelverkehr, Analverkehr zwischen Mann und Frau, unter Männern usw.), damit bei der Beichte passend abgestufte Bußen verhängt werden konnten. So sind vom 7. bis 12. Jahrhundert in irischen und angelsächsischen Bußbüchern (Handbüchern für Beichtväter) neue Kategorien zu finden, die nun auch das Adjektiv »sodomitisch« verwenden. Beichtväter sollten die Beichtenden danach fragen, ob es zu »sodomitischer Sünde« gekommen, ob etwas »auf sodomitische Art« (*sodomitico more, sodomitico ritu*) geschehen sei.[15] Auch Reichsbischof Burchard von Worms (ca. 965–1025), der in Deutschland ein Bußbuch vorgelegt hatte, verwendet diese Formulierungen. Er zeigt dabei, dass er offenbar eine recht konkrete Vorstellung von der »sodomitischen Sünde« hat, wenn er Beichtvätern vorschlägt, an Beichtende die Frage zu richten: »Hast du Unzucht getrieben, wie die Sodomiter tun, indem du deine Rute in eines Mannes Rücken oder das Hinterteil eingeführt und so auf sodomitische Art den Koitus vollzogen hast?«[16]

Noch immer aber war es ein *Tun*, keine *Wesensart*. Das Adjektiv »sodomitisch« bezog sich auf bestimmte Handlungen, nicht auf eine wesensmäßig unterscheidbare Menschengruppe. Zudem konnte es auch immer noch eine andere Bedeutung haben; so wurde verschiedengeschlechtlicher Verkehr gelegentlich als »sodomitisch« bezeichnet, wenn er nicht auf Fortpflanzung ausgerichtet war. Und der Gedanke, dass *alle* an gleichgeschlechtlichem Sex Geschmack finden konnten, war weiterhin eine verbreitete Befürchtung. Ein späteres Bußbuch rät – anders als Burchard von Worms – den Beichtvätern davon ab, nach gleichgeschlechtlichem Sex allzu detailliert zu fragen: um die Beichtenden nicht erst auf die Idee zu bringen.[17]

4. Petrus Damiani

Im 11. Jahrhundert kam eine neue Idee in die Welt. Der italienische Benediktiner und spätere Kardinal Petrus Damiani (ca. 1006–1072), einer der einflussreichsten Kirchenmänner seiner Zeit, konnte sich endlos darüber aufregen, dass Sex zwischen Männern so verbreitet war (wie er fand), insbesondere unter Geistlichen. Es schien ihm ungenügend, dass die Bußbücher für solchen Sex (offenbar unbeeindruckt von Papst Gregors Einstufung als Todsünde) bei der Beichte lediglich eine Buße verhängten (z. B. Fasten, Wallfahrten, Gebete, öffentliches Tragen von Bußgewändern). Für die meisten Menschen war das kein Thema. Für Petrus Damiani schon.

Er kämpfte gegen den Machtverlust der Kirche und gegen ihren moralischen Niedergang. Wenn die Kirche endlich frei von Einflussnahmen der europäischen Herrscher werden wollte, dann sollte man ihr nicht vorwerfen können, es mit dem Ideal der Heiligkeit nicht genügend ernst zu meinen. Das würde sie weiter schwächen. Die Kirche sollte eine höhere Moral an den Tag legen als Kaiser und Könige. Deshalb setzte sich Petrus vehement für die Einhaltung des Zölibats ein, der bis dahin eher lax gehandhabt worden war. Und er wollte Papst Leo IX. (Amtszeit 1049–1054) davon überzeugen, die Sünde des gleichgeschlechtlichen Sexes endlich ernst zu nehmen.

Zu diesem Zweck verfasste Petrus Damiani im Jahr 1049 seinen *Liber Gomorrhianus*[18], ein scharfes Pamphlet, das er an Papst Leo persönlich richtete, aber zugleich der Öffentlichkeit zugänglich machte. Darin tritt er mit flammenden Worten dafür ein, »Sodomiter« in Klerus und Ordensgemeinschaften strenger zu bestrafen. Sie sollten wenigstens aller Ämter und kirchlichen Funktionen enthoben werden.

Das heißt natürlich auch, dass Petrus sich kaum eine Umkehr der in Sünde gefallenen Kleriker vorstellen konnte. Er wendet sich zwar in seinem »gomorrhianischen Buch« (so der Titel auf Deutsch) immer wieder direkt an sie (»o dampnabiles sodomitae«[19]) und versucht, sie mit allerlei Argumenten für die Keuschheit zu gewinnen, aber gleichzeitig ist er davon überzeugt, dass es sich um eine irreparable Sache handelt:

Wahrlich, dieses Laster ist mit keinem anderen Laster zu vergleichen, denn es überragt das Ausmaß aller Laster. In der Tat ist dieses Laster der Tod der Körper, die Zerstörung der Seelen. Es befleckt das Fleisch; es löscht das Licht des Geistes aus. Es vertreibt den Heiligen Geist aus dem Tempel des menschlichen Herzens; es führt den Teufel herein, der zur Lust anstiftet. Es stürzt in den Irrtum; es entfernt die Wahrheit vollständig aus dem Geist, der getäuscht worden ist. Es legt Fallstricke für die, die eintreten; es sperrt diejenigen, die in die Grube fallen, ein, dass sie nicht mehr herauskommen. Es öffnet die Hölle; es verschließt die Tür des Himmels.[20]

Zwar scheint Petrus hier noch nicht ausdrücklich an ein feststehendes Wesensmerkmal der »Sodomiter« zu denken, aber er verfolgt mit diesen Worten einen neuen Gedanken: Er geht offenbar davon aus, dass gleichgeschlechtlicher Sex die Beteiligten *unauslöschlich* verändert. Dieser Sex macht sie zu »Anderen«. Er ist eine Sünde, aus der es keine Rückkehr ins Leben, von der es keine Absolution geben kann. Petrus »besteht darauf, dass es sich um ein Verbrechen handelt, das mit dem Tod zu bestrafen ist«[21]. Die einzige Heilung, die denkbar wäre, würde »auf der anderen Seite der Todesstrafe«[22] stattfinden.

Papst Leo IX. ließ sich vom *Liber Gomorrhianus* nicht von der gängigen kirchlichen Praxis abbringen. Er dankte Petrus Damiani für seine Ausführungen, aber änderte »im Vertrauen auf das göttliche Erbarmen«[23] nichts am kirchlichen Straf- und Bußkatalog. (Erst 130 Jahre später, beim Dritten Laterankonzil im Jahr 1179, als das Mittelalter bereits Auflösungserscheinungen seiner Sozialstrukturen erlebte, wurden einige von Petrus' Empfehlungen aufgegriffen.[24])

Ungeachtet dieses unmittelbaren kirchenpolitischen Misserfolgs findet sich im *Liber Gomorrhianus* jedoch am Ende ein Wort, das über Jahrhunderte nachhallen sollte: *sodomia* – Sodomie. Petrus Damiani hat es allem Anschein nach selbst geprägt. Aus dem Namen der Stadt Sodom formte er das lateinische Wort *sodomia* – als eigenständigen Ausdruck für die Sünde, die er meinte. Er wollte, dass das Wort so klingt wie *blasphemia*, Blasphemie, die Sünde der Gotteslästerung, damit sofort erkennbar wäre, dass es sich dabei um etwas Gravierendes handle: »Wenn Blasphemie die schlimmste Sünde ist, weiß ich nicht, auf welche Weise Sodomie besser sein sollte. Blasphemie führt einen Menschen in den Irrtum, Sodomie ins Verderben.«[25]

»Sodomie« ist also kein sachlicher, beschreibender Ausdruck für bestimmte sexuelle Praktiken, sondern ein neuer Begriff für eine schwere Sünde. Sodomie ist die Essenz, das Wesen allen gleichgeschlechtlichen sexuellen Begehrens.[26] Sodomie ist eine Diagnose: Man *begeht* nicht bloß gleichgeschlechtliche Unzucht, man »hat« Sodomie. »Ein Begriff wie

Sodomie«, schreibt Mark Jordan, »suggeriert schon durch seine grammatikalische Form, dass es möglich ist, Personen auf eine einzige Essenz zu reduzieren, die dann auch in anderen Personen vorkommen kann, die zu anderen Zeiten oder an anderen Orten leben.«[27] Und damit ändert sich – allmählich, schleichend, nicht von heute auf morgen – der gesamte Diskurs.

Die Träger des Merkmals Sodomie sind keine ansonsten normalen Menschen mehr, die lediglich etwas getan haben, das man den Einwohnern der Stadt Sodom, den Sodomitern, unterstellt. Sie sind jetzt *Sodomiten*. Sie sind anders als alle anderen. Jordan drückt es so aus: »Sie sind nicht mehr Personen, die aus einer Unzahl von Motiven und in den denkbar unterschiedlichsten Umständen ein paar einander ähnelnde Handlungen ausführen. Sie sind Sodomiten, die Sodomie begehen. Die abstrahierende Macht des Wortes löscht alle Motive und Umstände aus.«[28]

So entstand im Lauf einer jahrhundertelangen Entwicklung, in der aus den soldatischen Vergewaltigern in Sodom allmählich wollüstige, am Sex mit Männern interessierte Todsünder geworden waren, ein anderer, *per se* sündiger Menschentyp. Was die biblischen Texte durchgehend vermieden hatten, was im Judentum kein Thema war, fand nun im mittelalterlichen Christentum statt: die Teilung der Menschheit in Sodomiten und solche, die es nicht sind.

5. Sodomie: Ein Begriff lernt laufen

Der neue Begriff machte seinen Weg. Natürlich fühlten sich nicht alle, die Petrus Damiani ins Visier genommen hatte, umgehend als Sodomiten, gar als Gruppe von »Anderen« mit einer gemeinsamen Identität. Im einfachen Volk bekam man davon kaum etwas mit – die allermeisten Menschen waren Analphabeten. Aber unabhängig davon schuf der neu erfundene Menschentyp nun die Grundlage, die Bibel anders zu lesen und die Übeltäter von Sodom, im Buch Levitikus und bei

Paulus als eine spezielle, klar definierte Gruppe zu identifizieren: als »Sodomiten«.

Zunächst zirkulierte Petrus Damianis Pamphlet in Abschriften unter interessierten Kirchenleuten. In Klöstern und an Bischofssitzen wurde es studiert, wurden seine Gedanken und Begriffe diskutiert und weitergegeben. Auf diesem Weg fand die Warnung vor der Sodomie Eingang in die Schriften zahlreicher lesekundiger Männer und Frauen überall im christlichen Abendland. Bischöfe, Kardinäle, Ordenstheologen, Prediger, Äbte, Äbtissinnen, Mystikerinnen und Beginen wirkten daran mit.[29]

Diese Leute sahen sich bei ihrem Tun sicher als fromme, treue Hüter ihres Glaubens. Als ich einige ihrer Texte las, hatte ich den Eindruck, dass ihr Glaube zutiefst von Angst geprägt war: Angst vor dem Verlust des Seelenheils, Angst vor der ewigen Verdammnis, Angst vor dem Teufel, Angst vor Gott. Sodass schon der Gedanke an die Sünden der Menschen diese Leute in Panik versetzte – in eine Panik, die sie bereit machte zu jeder Art von Grausamkeit. Bereit, das Böse, das sie in den Menschen witterten, mit Gewalt auszutreiben, mit Gewalt gegen »Hexen«, Juden, Muslime und nun auch gegen »Sodomiten«. Durch diese Frommen gelangte die Botschaft nun in das einzige »Massenmedium« der damaligen Zeit: in die Predigten und Ansprachen in Kirchen, auf Marktplätzen und in Klosterschulen.

Sodomiten waren Feinde, die man bekämpfen musste. Um Unterstützung für den ersten Kreuzzug zur Eroberung Jerusalems (1096–1099) zu gewinnen, wurde verbreitet, die dortigen Türken hingen allesamt der »sodomitischen Sünde« an, was dringend bekämpft werden müsse.[30] Im 12. und 13. Jahrhundert wurde ketzerischen Glaubensbewegungen wie den Waldensern, Bogumilen und Katharern häufig vorgeworfen, ihre Anhänger seien allesamt Sodomiten – unabhängig davon, welche sexuellen Vorlieben sie tatsächlich hatten. Und in einem neuen Bußbuch, das kurz nach dem Vierten Laterankonzil von 1215 erschien, benutzte dessen Autor, Paul von Ungarn, den Begriff der Sodomie schon ganz selbstverständlich.[31]

Zur selben Zeit wurde der Begriff ins kirchliche und zivile Strafrecht aufgenommen. Im Zuge des Aufbaus der Heiligen Inquisition, die vor allem gegen die Ketzerbewegungen vorgehen sollte, erklärten Kaiser und Papst die Sodomie zu einem Offizialdelikt, also zu einem Vergehen, das von Amts wegen verfolgt werden musste, wenn es Hinweise darauf gab (ganz gleich, ob diese Hinweise seriös waren oder bloße Verleumdung).[32] Das hatte weitreichende Konsequenzen.

Sodomie war damit – *erstens* – keine Privatsache mehr, die man beichtete und für die man eben eine Bußauflage erhielt. Sie wurde nun fast überall in Europa mit Strafen bedroht. Verurteilte Sodomiten wurden ausgepeitscht, mit Geldstrafen belegt, kastriert, aus dem Land gejagt, geblendet oder enthauptet. In Augsburg wurden sie öffentlich in Käfigen aufgehängt, bis sie verhungert waren. Von 1250 an wurde der Scheiterhaufen zur gebräuchlichsten Hinrichtungsart für Sodomiten.[33]

Die meisten Verurteilten sahen sich immer noch nicht als solche – auch wenn sie gelegentlich gleichgeschlechtlichen Sex hatten. In vielen Fällen waren sie bloß Opfer geschäftlicher, politischer oder kirchlicher Intrigen, wofür die Anklagen der Ketzerei und der Sodomie besonders zweckdienlich waren.

Als der französische König Philipp IV. 1307 sämtliche Angehörigen des Templerordens in Frankreich verhaften ließ, weil ihm die internationalen Aktivitäten der Tempelritter suspekt waren und weil diese nicht ihm, sondern allein dem Papst Gehorsam versprochen hatten, lautete die Anklage ebenfalls auf Ketzerei und Sodomie. Die meisten Angeklagten verstanden wohl kaum die Funktion dieser Vorwürfe im Machtpoker mit dem Papst. Doch auf dem Scheiterhaufen wurden sie als Ketzer und Sodomiten verbrannt.[34]

Das heißt – *zweitens* –, dass es in erster Linie das Strafrecht und die Gerichte waren, die aus Menschen Sodomiten machten, indem sie sie wegen Sodomie verurteilten. Männer, die Lust auf Sex mit einem Mann hatten, kamen weiterhin nicht auf die Idee, dafür nach »speziellen« Männern Ausschau halten zu müssen. Entweder ergab sich etwas oder eben nicht. Und »im

Volk« gab es auch jetzt noch keinen Bedarf, etwas, das viele hin und wieder taten, als etwas »Andersartiges« zu markieren.

Die Markierungen kamen von »oben«. Beispielsweise in Florenz wurde 1432 zur Verfolgung der Sodomie die »Behörde der Nacht« eingerichtet. Sie existierte über 70 Jahre und dokumentierte für diesen Zeitraum 17.000 Verdächtigte, 10.000 Anklagen und 2000 Todesurteile, also knapp 30 Todesurteile im Jahr. So wurde im späteren 15. Jahrhundert mithin jeder zweite Mann in der Stadt einmal in seinem Leben der Sodomie verdächtigt. Das hatte offenkundig nur wenig mit deren tatsächlichem Sexleben zu tun. Es war vielmehr die Aufgabe der Strafverfolgungsbehörden, für die Aufrechterhaltung der öffentlichen Ordnung und die Disziplinierung der Gesellschaft zu sorgen. Die Sodomiebekämpfung diente dafür als praktikabler Grund.[35]

6. Unter dem Radar: Freundschaftsbünde

Während sich Kirchenleute und Behörden mit der Sodomie befassten, spielten sich die Beziehungen unter den einfachen Menschen auf einer anderen Ebene ab. So existierten im europäischen Mittelalter bis in die Neuzeit hinein vielerorts Institutionen, in denen Männer untereinander (und – seltener – auch Frauen) Beziehungen pflegen konnten: die Schwur-Bruderschaften (*fraternitates iuratae*) oder Freundschaftsbünde – je nach Region unter verschiedenen Bezeichnungen. Sie galten als wichtige Säule der Gesellschaft und wurden überall geachtet, auch von der Kirche. Man sah sie als einen Weg, das christliche Liebesgebot zu verwirklichen. Mit der Sodomie wurden sie nicht im mindesten in Verbindung gebracht, »Freunde konnten sich daher küssen, Zärtlichkeiten austauschen und einander zu ›Bettgenossen‹ machen, ohne damit auch nur den leisesten Verdacht auf sich zu lenken«[36], schreibt der Soziologe Georg Klauda.

Zudem war die Figur des Sodomiten in zahlreichen Predigten im Lauf der Zeit derart monströs überzeichnet worden, dass die Hörer diese kaum noch mit ihren Mitmenschen in Verbindung brachten. Ein Sodomit erschien den meisten wohl so wirklichkeitsfern »wie Werwölfe und Hexen«[37]. Freundschaftsbünde waren dagegen etwas Alltägliches; sie wurden oft mit Ritualen der Blutsbrüderschaft und mit Treueversprechen geschlossen und waren verbunden mit handfesten ökonomischen Beistandsverpflichtungen für die Ehefrauen und Kinder der »Freunde«, sollte einer von ihnen vorzeitig sterben.

Aus England und Irland wissen wir von Treueeiden, die Männer zu »geschworenen Brüdern« machten, am Altarstein von Kirchen vollzogen wurden und sogar das Recht auf Bestattung in einem gemeinsamen Grab einschlossen.[38] Auf dem Grabstein eines Männergrabs fanden sich zum Beispiel die Worte: »Die Liebe verband sie als Lebende. Also möge sie die Erde auch als Tote vereinen.«[39]

Diese Freundschaftsbünde waren keine heimliche »homosexuelle« Institution; man dachte einfach noch immer nicht in solchen Kategorien. Man ging weiterhin davon aus, dass Männer und manchmal auch Frauen durchaus gleichgeschlechtliche Freundschaften pflegten, ohne dadurch zu »Anderen« zu werden. Dabei konnte es auch zu Sex zwischen den Freunden oder Schwurbrüdern kommen, doch das war kein Thema, wie Michel Foucault hervorhebt:

So lange die Freundschaft etwas Wichtiges darstellte, solange sie gesellschaftlich akzeptiert wurde, fiel es niemandem auf, dass die Männer untereinander sexuelle Beziehungen hatten. Man konnte aber genauso wenig sagen, dass sie keine hatten; sondern dies hatte einfach keine Bedeutung. Dies hatte keine soziale Implikation; die Sache war kulturell akzeptiert. Ob sie Sex miteinander hatten oder ob sie sich umarmten, hatte keine Bedeutung.[40]

7. Die großen Umbrüche in der Neuzeit

Im Hinblick auf den gleichgeschlechtlichen Sex lässt sich von einem doppelten Ausgang des Mittelalters sprechen: Kirche und Gerichtsbarkeit dachten, predigten und handelten nach der Kategorie der Sodomie; die kleinen Leute aber konnten sich unter den Sodomiten, vor denen sie in manchen Predigten gewarnt wurden, kaum etwas vorstellen und lebten ihr Leben in den traditionellen Formen von Freundschaft und gegenseitiger Unterstützung. Für Denunziationen und Verhaftungen waren sie nicht wichtig genug – diese zielten eher auf die besseren Kreise.

Das änderte sich vom 16. Jahrhundert an grundlegend. Seefahrer brachten ungeheure Mengen an geraubten Reichtümern, Rohstoffen, Gewürzen, Pflanzen, Edelmetallen aus den neu eroberten Kolonien nach Europa; der internationale Handel erlebte einen enormen Aufschwung; das Wirtschaftsleben ordnete sich neu. Kaufleute, Handelsgesellschaften, Manufakturen traten neben die traditionellen Kleinbauern und Handwerker.

Männer wurden zusehends zu Konkurrenten, wenn es um Geschäftskontakte, um Zugang zu Waren und Rohstoffen ging, Frauen wurden immer mehr ins Privatleben, in Haushaltsführung und Kindererziehung abgedrängt. Wo bis dahin Freundschaften und Treueverhältnisse das gesellschaftliche Leben prägten, die per Handschlag oder durch Eide besiegelt wurden, interessierten nun nur noch Verträge, Bilanzen und Leistungsnachweise.

Das bedeutete das Ende für Schwurbruderschaften und andere institutionalisierte Formen des sozialen Zusammenhalts. Sie verschwanden, denn sie standen bei der wirtschaftlichen Umwälzung der europäischen Gesellschaften, aber auch bei der einsetzenden Modernisierung der Armeen, Verwaltungen, Universitäten und Schulen nur noch im Wege. Persönliche Bindungen störten bei der Steigerung der Effizienz. Wo es sie noch gab, wurden sie immer argwöhnischer beurteilt, wie Foucault feststellt:

Sobald die Freundschaft als kulturell akzeptierte Beziehung einmal verschwunden war, wurde die Frage gestellt: »Aber was stellen die Männer bloß zusammen an?« Und das ist dann auch der Zeitpunkt, an dem das Problem in Erscheinung trat.[41]

Als die Beziehungen zwischen Männern – ob sexuell oder nichtsexuell – ihre Einbettung in kulturell akzeptierte Formen verloren, wurden sie immer häufiger für Sodomie gehalten. So warnte beispielsweise 1731 ein englischer Autor vor dem bis dahin verbreiteten Freundschaftskuss. Von allen gesellschaftlichen Gewohnheiten, schrieb er, sei »keine hassenswerter, verbreiteter und schädlicher als die der Männer, die einander *küssen*«. Gerade das Küssen sei »das erste *Einfallstor* für die abscheuliche Sünde der *Sodomie*«[42].

Was bis dahin *alle* taten, sollte nun Sodomie sein. Das zeigte sich zuerst in den Handelsstädten, wo die ungeordnete Welt mit ihren Veränderungen unmittelbar vor den Toren lauerte (während auf dem Land noch länger Reste der mittelalterlichen Sozialformen Bestand hatten). Es kam vermehrt zu Razzien, Gerichtsverfahren, Strafen. Zugleich entstanden mit der Verschärfung der polizeilichen Beobachtung in den wirtschaftlich am weitesten entwickelten Metropolen Orte der Subkultur, an denen Männer sich weitgehend unentdeckt treffen konnten – die *Molly Houses* in London, die Pariser Bars und die privaten Zirkel in Den Haag, die öffentlichen Toiletten am Rathaus von Amsterdam usw. Später folgten Städte wie Berlin, Kopenhagen und New York, die allmählich ebenfalls zu wachsen begannen.[43]

Wer solche Orte finden wollte, musste sich nun selbst als jemand mit »solchen Bedürfnissen« sehen lernen, d. h. sich als Sodomit verstehen, eine sodomitische Identität entwickeln. Die Anfänge der Identitätsbildung waren also kein emanzipatorischer Fortschritt oder gar eine selbstbewusste »Subjektwerdung«. Sie wurden aus der Not zunehmender Ausgrenzung und strafrechtlicher Verfolgung geboren. An den Treffpunkten fanden sich deshalb auch überwiegend Angehörige der unteren Gesellschaftsschichten ein, die keinen Ruf und keine gesellschaftliche Stellung zu verlieren hatten. Für Angehörige des Bürgertums stand meist zu viel auf dem Spiel, um sich auf solche Abenteuer noch einzulassen. Ihnen blieb als Trost die bürgerlich-christliche Moral, die dergleichen mit der Geste der Empörung für schmutzig und widerwärtig erklärte.

Es war mithin ein weiter Weg, bis aus integralen Mitgliedern einer Gesellschaft die Gruppe der Sodomiten wurde. Die theologische Erfindung der Sodomie im Mittelalter musste sich erst mit dem aufkommenden Kapitalismus in der Neuzeit verbinden, um zu voller Blüte zu gelangen. Dies erst führte »sowohl zum Niedergang des Systems männlicher Freundschaften wie zur Entstehung sodomitischer Subkulturen«[44]. Das blieb aber nicht die letzte Stufe der Entwicklung.

IV
Von der Sodomie zur Homosexualität

»Es ist ein eigenartiger Triumph der Gesellschaft – und ihr Verlust –, dass sie es fertigbringt, Menschen von dem minderwertigen Status, den sie ihnen zugewiesen hat, auch noch zu überzeugen …«[1]
James Baldwin

1. Vom Sex reden

Entgegen dem Klischee war Sex in der christlichen Welt nie etwas, worüber nicht geredet werden durfte. Im Gegenteil: Wie in den vorigen Kapiteln zu sehen war, schrieb Paulus reichlich über Begehren, Leidenschaften, Ehe, eheliche Pflicht, Prostitution und Enthaltsamkeit, befassten sich die Kirchenväter und antiken Theologen immer wieder mit der Frage, was verbotener und was erlaubter Sex sei; die mittelalterlichen Bußbücher trugen den Beichtvätern auf, die Beichtenden detailgenau darüber zum Sprechen zu bringen, was sie zwischen Bettlaken, in Heuschobern und Badehäusern mit anderen vollführten; über verschiedene Aspekte des Sexes wurden auf Marktplätzen warnende Reden geschwungen und in Kirchen Predigten gehalten. Das Thema war im christlichen Denken so zentral, dass man von einer Obsession sprechen kann.

In der anbrechenden Moderne wurde das noch intensiver. Zwar war die Sprache nun weniger direkt, aber nach dem Konzil von Trient (1545–1563) forderte die katholische Kirche, dass es in der Beichte in puncto Sex nicht mehr nur um sexuelle

Handlungen gehen sollte, sondern – wie zuvor schon in manchen Ordensgemeinschaften – auch um das Innere der Menschen, selbst wenn es nur selten oder nie zur Tat wurde: »Gedanken, Begehren, wollüstige Vorstellungen, Ergötzungen, verschlungene Regungen der Seele und des Körpers – all das muß[te] fortan bis ins Detail genau ins Spiel der Beichte und der Seelenführung eintreten.«[2]

Anders ausgedrückt: Es ging nicht mehr bloß um Sex – es ging um »Sexualität«. Ein neues Konzept, das sich in der Neuzeit herausbildete: Sexualität als ein eigenständiger »Bereich« in jedem Menschen. Dazu zählten sämtliche mit Sex und Begehren verbundenen Lebensäußerungen, Verhaltensweisen, Gefühle, Fantasien und Handlungen von Menschen und zwischen Menschen. Nie ganz fassbar, oft nur im Verborgenen aufzufinden und oft von einer Aura des Geheimnisses umgeben.

Nicht nur die Kirchen wollten darüber stets aufs genaueste unterrichtet sein – auch die staatlichen Verwaltungen und die aufstrebenden Humanwissenschaften meldeten nun Untersuchungsbedarf an. In den sich entwickelnden bürgerlichen Gesellschaften, in denen nicht mehr ein Volk von einem Herrscher regiert wurde, sondern eine Bevölkerung arbeitsfähig, produktiv und unter Kontrolle gehalten werden sollte, brauchte es möglichst präzise Erkenntnisse über ihr Paarungs- und Fortpflanzungsverhalten, ihre Verhütungs- und Abtreibungsmethoden ebenso wie über ihre Ausschweifungen und »Perversionen«, mit anderen Worten: über ihre gesamte Sexualität.

Darüber sollte nun unablässig gesprochen werden: in Schulen, Kliniken, Arztpraxen, vor Gerichten und auf Polizeirevieren. Und im Sprechen, Darstellen und Begründen gerieten die Bürger und Bürgerinnen unwillkürlich selbst ins Nachdenken über die Maßstäbe, nach denen sie leben sollten: Sie beobachteten und kontrollierten sich in zunehmendem Maße selbst. Michel Foucault nannte das die »Diskursivierung des Sex«: Der Sex wird durchdrungen vom Reden darüber, von Diskursen über alle nur denkbaren Formen von Begehren und Aktivitäten.

2. *Der neue wissenschaftliche Blick*

Mit dem 17. und 18. Jahrhundert wuchs der Anspruch, die Dinge »wissenschaftlich« zu betrachten. Die Erfahrungen in den Kolonien, wo man auf verschiedene Kulturen, Lebenssituationen und Völker traf, weckten das Interesse daran, die Menschen zu klassifizieren, in unterschiedliche Arten und »Rassen« einzuteilen, sie zu »studieren«. Man suchte nach Gemeinsamkeiten und Unterschieden unter ihnen, verglich ihren Körperbau, ihre Geschlechtsorgane, ihre Schädelformen und ihr Gehirnvolumen und beobachtete die verschiedenen Ausprägungen ihres Sexualverhaltens.

Medizin und Biologie wurden zu *den* neuen Leitwissenschaften. Ihren naturwissenschaftlichen Verfahren traute man am ehesten zu, Auskunft darüber geben zu können, was wahr war, wie die Welt beschaffen war. Die Wahrheit über den Menschen suchte man nun vorzugsweise in seiner biologischen Grundausstattung und in seinen Erbanlagen. Was in den menschlichen Eigenschaften und Verhaltensweisen zutage trat, so glaubte man, musste im Körper der Menschen – im Gehirn, in den Hormonen, im Blut, im Uterus – dingfest gemacht werden können.

Das führte auch zu einer veränderten Perspektive auf den gleichgeschlechtlichen Sex: Hatten die vergangenen Jahrhunderte ihn zur Sache einer teuflischen Gemeinschaft von Sodomiten gemacht, hielt man ihn nun für eine organische Disposition einzelner betroffener Individuen. Entweder man war »so« veranlagt oder eben nicht. Und das beurteilte nun nicht mehr die Kirche, sondern »die Wissenschaft« mit unumstößlicher Gewissheit.

Manche sahen darin eine gute Nachricht: Wenn die sexuellen Neigungen eine »Naturanlage« waren, dann konnte man nichts dagegen tun, und dann konnte es auch keine Frage moralischer Schuld oder strafrechtlicher Vergehen mehr sein. Kirche und Staat sollten sich endlich heraushalten aus einem Bereich, den die Menschen, wie sie nun glaubten, nicht mit ihrem

Willen steuern konnten, in dem sie vielmehr von ihren Anlagen gesteuert *wurden*.

Ein früher Wortführer der Emanzipation der »mannmännlichen Liebe« war der deutsche Jurist Karl Heinrich Ulrichs (1825–1895). Auf dem Deutschen Juristentag 1867 in München forderte er die vollständige Entkriminalisierung des Sexes zwischen Männern, mit der Begründung, dass dieser auf »natürlicher Veranlagung« beruhe. Beseelt von dem Anspruch, streng naturwissenschaftlich zu argumentieren, entwickelte er die Hypothese, dass bei männerliebenden Männern eine weibliche Seele in einen männlichen Körper eingeschlossen sei und bei frauenliebenden Frauen eine männliche Seele in einen weiblichen Körper. So folgte er zwar den zeittypischen Klischees, was unter »männlich« und »weiblich« zu verstehen sei, doch vor allem war er überzeugt, dass es sich beim sexuellen Begehren um etwas Organisches und Angeborenes handeln musste. Ihm zufolge waren also männerliebende Männer und frauenliebende Frauen so etwas wie Zwitterwesen, eine Art »drittes Geschlecht«, das männliche und weibliche Elemente in sich vereinte. Damit ist Ulrichs »der Erste, der ›Homosexualität‹ als eine auf biologischen und medizinischen Grundlagen beruhende Persönlichkeitsstruktur beschreibt«[3].

3. Die Erfindung der Homosexualität

Aus dem neuen naturwissenschaftlichen Geist entstand nun ein Bedürfnis nach neuen Bezeichnungen. Die traditionellen Begriffe »Sodomie« und »Sodomiten« galten als kirchlich-moraltheologisch belastet und – vor allem – als unwissenschaftlich. Es sollte etwas her, das der neuen Sicht der Sexualität besser entsprach. Ulrichs brachte mit Bezug auf die griechische Mythologie die Ausdrücke »Uranismus« und »Urninge« ins Spiel[4]; der Psychiater Carl Westphal prägte 1870 den Ausdruck »conträres Sexualempfinden«[5] im Sinne einer psychopathologischen Störung, und wenig später sprach man in der Psychiatrie von »Inversion« und »Invertierten«.[6] Die beiden letzteren Ausdrücke verrieten eindeutig die Vorstellung, dass es sich beim gleichgeschlechtlichen Verlangen um eine *Verkehrung* der »natürlichen« und »gesunden« Ausrichtung der Sexualität handele.

All diese Benennungsversuche wurden aber letztlich ausgestochen von der Begriffsbildung eines Außenseiters, des schriftstellernden österreichisch-ungarischen Weinhändlers Károly Mária Kertbeny: Er erfand den Ausdruck »Homosexualismus« bzw. »Homosexualität«, den er 1869 in einer anonymen Schrift in Umlauf brachte.[7] Das Wort besaß alles, was in jenen Jahren gebraucht wurde: Es war neu, theologisch unbelastet, es klang wissenschaftlich und war prinzipiell verständlich, denn »homosexual« bzw. bald »homosexuell« war nur die Übersetzung des Wortes »gleichgeschlechtlich« in ein modern erscheinendes, griechisch-lateinisches Mischwort.

Der Begriff fand schnell Verbreitung; den endgültigen Durchbruch erlebte er wohl durch seine Aufnahme in Richard von Krafft-Ebings Standardwerk *Psychopathia sexualis*. Selbst in katholischen Lexika ersetzte er in den Neuauflagen innerhalb weniger Jahrzehnte überall die »Sodomie«[8], und auch international verbreitete er sich rasch. Bis heute gilt »Homosexualität« als *der* seriöse Begriff zur Bezeichnung gleichgeschlechtlicher Sexualität. Zudem sieht es auf den ersten Blick so aus, als sei der Ausdruck nicht wertend oder gar abwertend, sondern stelle der »Heterosexualität« (ebenfalls ein von Kertbeny nur wenig später geprägter Ausdruck) die »Homosexualität« gleichberechtigt gegenüber.

Doch der Eindruck täuscht. Als wissenschaftlich daherkommender Ausdruck spiegelt und transportiert er den biologistisch-medizinischen Geist des 19. Jahrhunderts mitsamt dem rassistisch-kolonialistischen Hang zur Einteilung der Menschen in verschiedene Sorten und der Vorstellung, dass die Biologie das Wesen eines Menschen bestimme. So definierte der Begriff die »Homosexuellen« nun ausschließlich nach ihrer Sexualität. Nichts anderes spielte bei ihnen offenbar noch eine

Rolle. Waren ihre sexuellen Handlungen in früheren Zeiten noch eine Sache neben anderen, so wurden diese nun zu ihrem entscheidenden Charaktermerkmal, wie Foucault festhält:

Der Homosexuelle des 19. Jahrhunderts ist zu einer Persönlichkeit geworden, die über eine Vergangenheit und eine Kindheit verfügt, einen Charakter, eine Lebensform [...] Nichts von alledem, was er ist, entrinnt seiner Sexualität. Sie ist überall in ihm präsent: allen seinen Verhaltensweisen unterliegt sie [...] Sie ist ihm konsubstantiell, weniger als Gewohnheitssünde denn als Sondernatur.[9]

Das zeigt schon viel von der Zwiespältigkeit des neuen Begriffs: Man wird das moraltheologische Verdikt der »Sodomie« los und gewinnt dafür eine »Sondernatur«, inklusive entsprechend zu rekonstruierender Vergangenheit und Kindheitsgeschichte.

4. Krankschreibungen

Die Pathologisierung folgte auf dem Fuße. Die Homosexuellen waren nun – ebenso wie die Exhibitionisten, Fetischisten, Zoophilen, Gerontophilen, Nekrophilen und zahlreiche andere neu erfundene Gruppen – Menschen mit biologischen Störungen, Perversionen und Krankheiten. Sie wurden zu begehrten Studienobjekten der Medizin und der noch jungen Wissenschaft der Psychiatrie. Man untersuchte sie auf ihre Vorgeschichte, ihren familiären Hintergrund, auf Erbkrankheiten und auf psychische Anomalien hin, um die Ursachen ihrer Abweichung von der Norm ausfindig zu machen.

Das begann schon vor der Prägung des neuen Begriffs. 1840 legte der schottische Arzt und Psychiater Alexander Morison sein Werk *Die Physiognomie der Geisteskrankheiten* vor und beschrieb darin den geistigen Zustand, den er als Ursache der sodomitischen Handlungen ausgemacht hatte, als »Monomanie mit widernatürlicher Neigung«[10]. Es war, soweit ich sehe, das erste Mal, dass das gleichgeschlechtliche Verlangen als Geisteskrankheit eingestuft wurde. Seither gilt der Wunsch nach Sex mit einem Menschen des gleichen Geschlechts zunehmend als Symptom für zugrundeliegende tiefere Defekte: für nervliche Degeneration, Rückenmarksschwund, Erbkrankheiten, Hormonstörungen, Hirnschäden usw. (Einige Jahrzehnte später kamen dann noch Gendefekte hinzu.) Es gibt kaum etwas, das noch nicht als Ursache erwogen worden wäre.

Darüber hinaus spielte die Theorie der »Entartung« eine wichtige Rolle. Sie ging davon aus, dass aus der Vererbung verschiedenster Krankheiten (ganz gleich, ob organischer, funktioneller oder psychischer Art) sexuelle Perversionen entstehen. Man brauchte nur, schreibt Foucault, »im Stammbaum eines Exhibitionisten oder Homosexuellen zu suchen: da findet sich immer ein halbseitig gelähmter Vorfahre, ein schwindsüchtiger Großvater oder ein schwachsinniger Onkel«[11]. Und auch umgekehrt »erklärte« diese Theorie, dass aus sexuellen Perversionen bei den Nachkommen rachitische Kinder oder Unfruchtbarkeit hervorgingen.

Man muss sich das Ungeheuerliche des Vorgangs klar vor Augen führen: Es gab in jener Zeit hierzu nicht die geringsten neuen medizinischen Erkenntnisse – es war lediglich der »medizinische Blick«, der die Abweichung der betroffenen Menschen von einer willkürlich festgelegten Normalität diagnostizierte und sie zu Wahnsinnigen, Invertierten, Konträrsexuellen oder Homosexuellen erklärte. Einen entschiedeneren Akt der Diskriminierung hat es nie zuvor in der Geschichte gegeben.

Das hatte für die Betroffenen fatale Folgen. Wer von ihnen geglaubt hatte, durch die Wissenschaft endlich von den kirchlichen Schuldsprüchen befreit zu werden, sah sich nun einem wissenschaftlichen Diskurs ausgeliefert, der noch unerbittlicher war, weil er sich auf die Autorität angeblich objektiver Fakten und Forschungen berief. In den Augen der Wissenschaft war man kein Sünder mehr, sondern eine Missgeburt oder wahnsinnig. Oder beides.

Nur die allerwenigsten hatten das Selbstbewusstsein, sich gegen die Krankschreibungen durch Medizin und Psychiatrie zu verwahren und auf dem Recht ihrer Lust und ihres Verlangens zu bestehen. Es ist ja nicht einfach, gegen vermeintliche wissenschaftliche Erkenntnisse aufzubegehren, wenn man nicht vom Fach ist. Die meisten werden vor allem erschrocken gewesen sein zu erfahren, was da alles in ihnen an krankhaften Anlagen vorhanden sein sollte. Sie erlebten das eigene Verlangen jetzt als ein Unglück, das über sie gekommen war. Waren die gleichgeschlechtlich begehrenden Generationen vor ihnen noch hauptsächlich von der Angst beherrscht, als Sodomiten in die Fänge von Kirche und Justiz zu geraten und von Kerkerhaft und Scheiterhaufen bedroht zu sein (bis weit ins 18. Jahrhundert hinein), empfanden nun viele von ihnen als Homosexuelle vor allem Scham und Selbstekel – bis hin zu Selbstmordwünschen, die sie nicht allzu selten auch wahr machten.[12]

Karl Heinrich Ulrichs hielt es zwar sein Leben lang durch, sich keine Krankheit für sein Verlangen einreden zu lassen, doch seine Hoffnung, die Wissenschaft werde dies ebenfalls einsehen, sobald die »urnische Liebe« einmal als angeborene »naturgesetzliche Thatsache«[13] anerkannt wäre, wurde von der medizinischen Fachwelt mit Hohn quittiert. Der Psychiater und Neurologe Richard von Krafft-Ebing (1840–1902) ließ verlauten, dass »ein gewisser Assessor Ulrichs« keine Ahnung habe, wenn er davon ausgehe, dass etwas Angeborenes automatisch etwas Normales und Gesundes sein müsse. Viel wahrscheinlicher sei es, »dass die conträre Sexualempfindung, wo sie angeboren vorkommt, als Theilerscheinung eines neuropsychopathischen, meist hereditären Zustands klinisch zu betrachten ist und die Bedeutung eines functionellen Degenerationszeichens hat«[14]. Mit anderen Worten: Selbst wenn Homosexualität angeboren sei, sei sie eine Krankheit oder eine Verfallserscheinung. Falls sie aber »erworben« sei, sei sie auf jeden Fall behandlungsbedürftig.[15]

Ähnlich dachte auch der Mediziner und Sexualforscher Magnus Hirschfeld (1868–1935). Der jahrzehntelange unermüdliche Kämpfer für die Entkriminalisierung der Homosexualität griff Ulrichs Idee vom »dritten Geschlecht« auf, sprach aber von »*einer angeborenen Mißbildung*, welche anderen Hemmungen der Evolution, der Hasenscharte, dem Wolfsrachen, der Epispadie, der geteilten Gebärmutter, dem Nabelbruch etc. gleichartig an die Seite zu setzen ist«[16].

Auch für Hirschfeld hatte es etwas »Weibliches« an sich, wenn ein Mann Verlangen nach Sex mit Männern hat – »gesunde« Männer hätten ein solches Verlangen nicht. Nach Einpflanzungen »heterosexueller Geschlechtsdrüsen in die Körper Homosexueller«, die in seiner Zeit vorgenommen wurden, war für ihn »die ohnehin schon fast lückenlose Beweiskette von der organischen Bedingtheit der Homosexualität geschlossen«: Homosexuelle wiesen vermeintlich mehr weibliche Hormone in den histologischen Hodenbefunden auf und deuteten auf Homosexualität als ein intersexuelles Phänomen hin. Gegen Ulrichs wandte Hirschfeld deshalb ein, dass es sich hier nicht um eine »anima inclusa«, um eine in einen männlichen Körper eingeschlossene weibliche *Seele* handele, sondern um eine »glandula inclusa« – eine in einen männlichen Körper eingeschlossene weibliche *Drüse*.[17]

5. Aussondern, heilen, morden

Sex zwischen Menschen des gleichen Geschlechts erschien im letzten Drittel des 19. Jahrhunderts somit als Abweichung von der allgemein feststehenden, als gesund geltenden Norm: dem heterosexuell-soldatischen Mann. Da Frauen ohnehin von dieser Norm abwichen, schenkte man ihrem Begehren, wenn man es überhaupt ernst nahm, nur geringe oder gar keine Aufmerksamkeit. Es waren die gleichgeschlechtlich begehrenden Männer, die im Mittelpunkt des Interesses standen, denn sie waren es, die das herrschende Männlichkeitsideal infrage stellten. Sie konnten folglich keine gesunden, »richtigen« Männer sein und mussten unbedingt kuriert werden. Dieser Imperativ war vom medizinischen Blick auf die Sache nicht zu trennen, wie der deutsche Biologe und Sexualwissenschaftler Heinz-Jürgen Voß ausführt: »Die Medizinisierung gleichgeschlechtlichen sexuellen Verhaltens verband sich rasch, wenn nicht vielleicht sogar von Anfang an, mit der Einschätzung, Homosexualität verhindern zu müssen, und der ›Vision‹, sie auch praktisch verhindern zu können.«[18]

Und hier wird dann tatsächlich alles Mögliche ausprobiert, zunächst an Tieren, bald auch an Menschen: vom Einpflanzen »heterosexuellen« Drüsengewebes in »homosexuelle« Individuen, Hormonbehandlungen, Verpflanzungen von Hodengewebe und Eierstöcken über Kastrationen, Sterilisierungen und Elektroschocks bis hin zu medikamentösen Behandlungen in den Psychiatrien und ab den 1950er-Jahren zu verschiedenartigen chirurgischen Eingriffen am Gehirn. Die Spur der Versuche führt von der Freiwilligkeit zu Zwangsmaßnahmen, im NS-Staat zu massenhaften Sterilisierungen und verschiedensten Menschenexperimenten in den KZs, endet dort aber keineswegs.

Für die Zeit nach dem Zweiten Weltkrieg stellt Voß fest, »dass sich der Fokus der Forschung nicht wandelte: Biologische und medizinische Forschungen wurden betrieben mit ›optimistischen Zukunftserwartungen‹, was die Anwendung der Forschungsergebnisse zur Tilgung von ›Abweichungen‹ betraf.«[19] Echte Erfolge der sexuellen »Umstimmung« gab es indessen kaum, aber zahlreiche freiwillige und unfreiwillige Patienten bezahlten die Eingriffe mit geistiger Umnachtung oder mit ihrem Leben.

Erst 1974 – mehr als hundert Jahre nach ihrer Erfindung – wurde die Homosexualität von der American Psychiatric Association aus ihrem Krankheitskatalog *(Diagnostic and Statistical Manual of Mental Disorders)* gestrichen. Und seit 1991 führt auch die Weltgesundheitsorganisation (WHO) Homosexualität nicht mehr in ihrer »Internationalen Klassifikation der Krankheiten« *(International Classification of Diseases – ICD)*. Gewiss ein wichtiger Schritt: Hundert Jahre der »wissenschaftlichen« Pathologisierung des gleichgeschlechtlichen sexuellen Verlangens wurden zum Irrweg erklärt.

Aber damit ist das Erbe des 19. Jahrhunderts noch nicht überwunden. Weiterhin hält sich die Vorstellung von Homosexuellen als einer fest umrissenen Gruppe von Menschen mit einem unterscheidbar »homosexuellen Charakter«, auch wenn dieser Charakter inzwischen seltener als krankhaft und öfter als »natürlich« eingestuft wird. Der Drang zur Aussonderung besteht weiter. Breite Mehrheiten in den Ländern des Westens glauben bis heute entschieden daran, dass es sich dabei um angeborene hormonelle Unregelmäßigkeiten handeln müsse oder dass es – inzwischen die beliebtere Vorstellung – »in den Genen« liege. Es ist eine Art moderner Mythos. Er ist populär, weil die Betroffenen nicht verantwortlich sein können, wenn etwas in den Genen liegt. Aber dieser Mythos befreit nicht, sondern entmündigt.

Zwar sind die Theorien über Keimdrüsen, Hormoneinwirkungen auf verschiedene Körperregionen, anatomische Unterschiede im Gehirn oder über spezielle Chromosomen und deren Bedeutung für die Entstehung der »Homosexualität« regelmäßig aufgrund wissenschaftlicher Mängel bzw. interessengeleiteter Vorannahmen widerlegt oder durch Kontrolluntersuchungen in Frage gestellt worden[20], aber das Interesse an der Auffindung »schwuler Gene« oder einer hormonellen oder hirnphysiologischen Disposition scheint ungebrochen.

Dabei sind es recht unterschiedliche Gruppen, die an der Vorstellung der Homosexualität festhalten:

Viele, die gleichgeschlechtliches Begehren abstoßend finden (oder sich davon bedroht fühlen), finden es wichtig, dass Homosexuelle keine Menschen »wie du und ich« sind, sondern biologisch eindeutig andersartig – dass also keine Nähe zu ihnen besteht. (Davon wird noch zu sprechen sein.)

Ebenso sehen viele Menschen, die sich für besonders aufgeschlossen halten und wacker für »Toleranz« gegenüber Homosexuellen eintreten, im Konzept der Homosexualität geradezu die Grundlage für ihr Engagement: Es sei die bahnbrechende

Erkenntnis der »modernen Wissenschaft«, dass Homosexualität keine selbstgewählte moralische Sünde sei, sondern ein unabänderliches »So-Sein«, weshalb die Betroffenen ein Recht auf Respekt hätten. Man müsse deren Homosexualität »anerkennen«. Meist ohne genaueres Wissen um die grausame und pseudowissenschaftliche Geschichte der »Homosexualität« halten sie dies für den aktuellen Stand der humanwissenschaftlichen Erkenntnis. Was sie damit aber anerkennen, sind nicht wissenschaftliche Einsichten, sondern begriffliche, quasi-rassistische Klassifizierungen unter den Menschen: Und diese Klassifizierungen sind Teil des Problems, nicht Teil der Lösung. Ihre Verwendung schreibt Diskriminierung fort, statt sie überwinden zu helfen. Der Sexualwissenschaftler Erwin Haeberle (1936–2021) warnt eindringlich davor:

Wehe dem Wissenschaftler, der dies nicht bedenkt und solche Begriffe für die bare Münze dauerhafter, randscharf geprägter Realitäten nimmt! Zu spät bemerkt er, daß die Geistesblitze seiner gehrockbekleideten Ahnen in Wirklichkeit Irrlichter sind und für ihn keine Erleuchtung mehr liefern.[21]

Auch manche lesbischen und schwulen Aktivisten halten weiter entschieden daran fest, dass es Homosexualität als angeborenes oder zumindest feststehendes, nicht zu behebendes Merkmal gebe. Es ist ihnen wichtig, mithilfe dieser Vorstellung die Frage der Schuldhaftigkeit ihres Verlangens vom Tisch zu bekommen. Einige glauben zudem, dass die Umwelt Homosexuelle leichter akzeptiere, wenn diese nichts für ihre Veranlagung können. Das ist möglicherweise ein Irrtum. Seit einiger Zeit liegen Studien vor, die den Schluss nahelegen, dass die Vorstellung vom Angeborensein der Homosexualität nicht zu mehr Respekt führt, sondern zu mehr klischeebehafteten Sichtweisen, die eher das Bild von Opfern der Biologie, von Missgeburten aufrufen.[22]

Jenseits dieser strategisch-aktivistischen Perspektiven möchte ich auf einen Aspekt dieses Glaubens an eine veranlagungsbedingte Homosexualität hinweisen, der nur selten zur Sprache kommt, mir aber äußerst gravierend erscheint. Die Vorstellung, dass das eigene sexuelle Verlangen aus den Erbanlagen komme, gegen die nichts zu machen sei, erleben viele nicht als einen Freispruch, sondern als ein Schicksal, das gegen ihren Willen über sie gekommen ist. Sie erfahren ihr Verlangen in dieser Perspektive nicht als Ausdruck der eigenen Persönlichkeit, sondern als etwas Fremdes, das aus ihrem Inneren hervorbricht. Sie sehen ihren Wunsch nach Lust und Liebe nicht als etwas, das sie *wollen*, sondern als etwas, wozu sie ihre Biologie *zwingt*. Und dies kann eine äußerst verstörende Erfahrung der Entfremdung sein. Eine Erfahrung, die die eigene Genuss- und Liebesfähigkeit gravierend einschränkt, wenn nicht gar zerstört.

»Ich wär' liebend gern hetero«, sagte mir vor einigen Jahren ein Bekannter, der tief unglücklich angesichts seiner sexuellen Wünsche war. Er empfand sein Begehren als etwas, das er ablehnte, nicht *obwohl*, sondern *weil* ihm vermittelt wurde, dass es naturgegeben und angeboren sei. Andere erzählen von der Angst, wegen ihres unabänderlichen Andersseins abgelehnt zu werden, von der Erfahrung, dass Freunde vor ihnen zurückweichen, wenn sie »davon« hören, oder von der Unmöglichkeit, mit den Eltern darüber zu reden. Und einer, der durchaus selbstbewusst und eloquent aufzutreten gewohnt ist, bekennt in einer stillen Stunde, dass er eigentlich keine Lust mehr habe, schwul zu sein. Er sei es müde, immer selbst in der Diskussion zu stehen, immer in eigener Sache auftreten zu müssen. Am liebsten wäre er nicht mehr schwul, aber er wisse natürlich, dass das »nicht möglich ist«.

So steht es bei vielen um ihre »Homosexualität«. Sie wird nicht als Lust, sondern als Zwang erlebt. Die Bitterkeit dieser Menschen richtet sich nicht gegen jene, die ihnen das Leben schwermachen – sie richtet sich gegen die eigene Lust. Sie wollen ihr eigenes Wollen nicht. Das führt zu einer tiefen Gespaltenheit gegenüber dem eigenen Empfinden.

Solange der Glaube besteht, dass es Homosexualität als »Naturthatsache« *gibt*, wird es weiter solche Unglücksgeschichten geben. Dabei haben schon früh bedeutende Forscher diese Konstruktion in Zweifel gezogen – gegen den Zeitgeist, der Homosexuelle unbedingt als biologisch Andere betrachten will. Davon muss nun erzählt werden.

V
Abschiede von der Kategorie der Homosexualität

»Es ist ein Fluch unserer Zeit, dass wir unter dem Banner des Authentischen, des essentiell Identitären unseren Glauben, unsere Herkunft, unser Begehren in kollektiven Konzepten verengen und verkleinern.«[1]
Carolin Emcke

1. *Sigmund Freud*

Sigmund Freud (1856–1939) hat die Überzeugungen der Sexualwissenschaft des 19. Jahrhunderts neu diskutiert – und vom Kopf auf die Füße gestellt. Die Erfahrungen aus seiner psychoanalytischen Praxis in Wien führten ihn in wesentlichen Punkten zu einer grundlegenden Kritik dieser Überzeugungen. In seinen *Drei Abhandlungen zur Sexualtheorie*, die erstmals 1905 erschienen (und in den folgenden Jahren mehrfach, um weitere Einsichten ergänzt, neu aufgelegt wurden), kommt er dabei auch zu einer anderen Sicht der gleichgeschlechtlichen Sexualität als seine Vorgänger.

Entscheidend dafür war, dass Freud *alle* Formen des gleichgeschlechtlichen sexuellen Verhaltens betrachtete. Das klingt selbstverständlich, ist es aber keineswegs. Denn gemeinhin, so formuliert es der Sexualwissenschaftler Martin Dannecker, »werden als homosexuell ja nur jene Männer bezeichnet, die über ihr gesamtes Leben ausschließlich oder nahezu ausschließlich homosexuelle Beziehungen haben, oder Männer, die sich in Studien zu einem bestimmten Zeitpunkt selbst als homosexuell einstufen.«[2] Bei dieser Definition finden somit all jene keine Berücksichtigung, die nur gelegentlich gleichgeschlechtlichen Sex haben, die sowohl Männer als auch Frauen attraktiv finden, die in bestimmten Lebensphasen unterschiedliche Vorlieben haben und die niemals auf den Gedanken kommen würden, sich zu einer »homosexuellen Identität« zu bekennen.

Die Ausdrücke, die Freud für diese unterschiedlichen Spielarten gleichgeschlechtlicher Sexualität benutzt, sind längst versunken, aber sie können etwas von seinen Denkvoraussetzungen deutlich machen: In seinen frühen Schriften spricht er wie andere vor ihm von »Inversion« und unterscheidet zwischen »absolut Invertierten« (mit beständigen, auf das eigene Geschlecht ausgerichteten Vorlieben), »amphigen Invertierten« (für die männliche ebenso wie weibliche Sexualpartner in Frage kommen) und »okkasionell Invertierten« (für die es von den Umständen abhängt, welchem Geschlecht sie sich jeweils zuwenden).

Um dem Phänomen der »Inversion« näher zu kommen, war es für Freud wichtig, die ganze Palette der gleichgeschlechtlichen sexuellen Aktivitäten in seine Betrachtungen einzubeziehen. Es wäre für ihn nicht akzeptabel gewesen, nur die Geschichten der »absolut Invertierten« zu studieren und die der anderen zu übergehen. Ohnehin kamen die Menschen ja nicht nach solchen Untergruppen sortiert in seine Praxis.

Freud hatte also eine deutlich breitere Anschauungsgrundlage für seine Theoriebildung. Und von Patient zu Patient wurde ihm deutlicher, dass es eben nicht nur die beiden klar definierten Gruppen von »Homo-« und »Heterosexuellen« gab, sondern zahlreiche Zwischenstufen zwischen dem einen und dem anderen Ende des Spektrums. Diese Zwischenstufen wurden in Freuds Perspektive »wenn schon nicht zum Regelfall, so doch zu einer sehr häufigen Erscheinungsform der Sexualität«[3]. Deshalb fügte er 1915 in die dritte Auflage seiner

Drei Abhandlungen jenen berühmten Absatz ein, der seine Folgerungen auf den Punkt brachte:

Die psychoanalytische Forschung widersetzt sich mit aller Entschiedenheit dem Versuche, die Homosexuellen als eine besonders geartete Gruppe von den anderen Menschen abzutrennen. Indem sie auch andere als die manifest kundgegebenen Sexualerregungen studiert, erfährt sie, daß alle Menschen der gleichgeschlechtlichen Objektwahl fähig sind und dieselbe auch im Unbewußten vollzogen haben.[4]

Alle Menschen sind also nach Freuds Erkenntnis fähig, Menschen des gleichen Geschlechts zu begehren; und sie haben es längst bewusst oder unbewusst getan oder tun es weiterhin. Deshalb gebe es keinen Grund, die Gruppe der »Homosexuellen« als eine eigene, »besonders geartete Gruppe von den anderen Menschen abzutrennen«. Die Unterscheidung zwischen »Normalen« und »Entarteten« bzw. »Degenerierten«, die im 19. Jahrhundert gang und gäbe war (und bei den Nazis fortlebte), hatte in Freuds Augen keine sachliche Grundlage. Dasselbe gilt für die Verflechtungen dieses Denkens »mit der Vererbung und mit allen Rassismen und Eugeniken«[5].

Dass die »Inversion« angeboren sein könnte, schien Freud nicht haltbar. Wäre das Merkmal angeboren, müsste es konstant feststellbar sein. Die Verfechter der Theorie des Angeborenseins nähmen aber nur die absolut Invertierten in den Blick und blendeten die amphigen oder okkasionell Invertierten aus, weil diese mit ihrer Theorie nicht vereinbar seien. Herausgekommen sei dabei allerdings keine allgemeingültige Erklärung der Inversion, sondern eine Theorie, die auf manche zutreffe, auf andere nicht, wie Freud mit ironischem Unterton kommentiert.[6] Damit sei sie als Theorie unbrauchbar.

Doch auch hinsichtlich der entgegengesetzten Annahme – dass die Inversion durch bestimmte lebensgeschichtliche Erfahrungen oder Einflüsse erworben sein könnte – blieb Freud skeptisch. Denn bei genauerem Hinsehen fand er, dass die zu seiner Zeit diskutierten »Einflüsse« keineswegs nur bei Invertierten zu finden waren, also keine Beweiskraft hatten.[7] Und so schloss er: »Weder mit der Annahme, die Inversion sei angeboren, noch mit der anderen, sie werde erworben, ist das Wesen der Inversion erklärt.«[8]

Aus der Einsicht aber, dass das Vorkommen der Inversion nicht befriedigend zu erklären sei und darüber hinaus *alle* Menschen im Prinzip zur gleichgeschlechtlichen »Objektwahl« fähig seien, zieht Freud einen bedeutsamen, nahezu revolutionären Schluss, der ihn von den Vorstellungen seiner Vorgänger deutlich abhebt. In der erwähnten Ergänzung von 1915 fährt er fort:

Der Psychoanalyse erscheint vielmehr die Unabhängigkeit der Objektwahl vom Geschlecht des Objektes, die gleich freie Verfügung über männliche und weibliche Objekte, wie sie im Kindesalter, in primitiven Zuständen und frühhistorischen Zeiten zu beobachten ist, als das Ursprüngliche, aus dem sich durch Einschränkung nach der einen oder anderen Seite der normale wie der Inversionstypus entwickeln.[9]

Mit anderen Worten: Die Wahl eines Objekts des Begehrens schien Freud unabhängig vom jeweiligen Geschlecht des Objekts zu sein. Das Begehren richte sich in gleichermaßen freier Weise auf männliche wie weibliche Objekte. Das sei etwa beim Begehren von Kindern zu beobachten, aber auch beim Begehren von Menschen anderer Kulturen und Zeiten. (In biblischen Zeiten war das – wie wir gesehen haben – selbstverständlich.) Ursprünglich vorhanden – also angeboren – sei nur das Begehren selbst (der »Trieb«), nicht aber die Ausrichtung auf ein bestimmtes Geschlecht. Im Laufe des Lebens der Menschen komme es jedoch zu »Einschränkungen« dieses in alle Richtungen gehenden Begehrens, und zwar durch die in den unterschiedlichen Kulturen verschieden konstruierten Vorstellungen davon, was ekelerregend sei, wofür man sich schämen müsse, was moralisch sei und was die gesellschaftlichen Autoritäten verlangten.[10]

Damit ist gesagt, dass das Begehren eines Menschen nicht »von Natur aus« auf ein bestimmtes Geschlecht ausgerichtet ist, sondern erst im Laufe seiner Entwicklung aufgrund der gesellschaftlich-moralischen Machtverhältnisse eine stärkere »Einschränkung« auf ein bestimmtes Geschlecht erfahren kann (aber nicht muss). Die Festlegung des Begehrens auf das andere Geschlecht ist dabei ebenso erklärungsbedürftig wie die Festlegung auf das eigene Geschlecht:

Im Sinne der Psychoanalyse ist also auch das ausschließliche Interesse des Mannes für das Weib ein der Aufklärung bedürftiges Problem und keine Selbstverständlichkeit, der eine im Grunde chemische Anziehung zu unterlegen ist.[11]

Obwohl Freud noch den Ausdruck »normal« für das Verhalten der Mehrheit verwendet, hat er mit diesen Überlegungen bereits die Abkehr vom Konzept der Normalität vollzogen. Weder ist verschiedengeschlechtliches Verhalten normal, noch ist gleichgeschlechtliches Verhalten unnormal. Zumindest von einer irgendwie »chemischen Anziehung« oder gar einer biologischen Vorbestimmung der Formen des sexuellen Begehrens kann nach seinen Erkenntnissen keine Rede sein. Es gibt keinen »richtigen« Entwicklungsweg des Menschen zu einer bestimmten sexuellen Präferenz – und auch keinen »falschen«.

Damit hätte man etwas anfangen können. Damit hätte man Verbindungen herstellen können zum nichtdiskriminierenden Umgang mit gleichgeschlechtlichem Verlangen in anderen Zeiten und Kulturen. Damit hätte bereits das Ende der Homosexualität als eines problematischen Konstrukts des 19. Jahrhunderts eingeleitet sein können. Man hätte festhalten können, dass erotische oder sexuelle Gefühle niemals so einfach bestimmten Gruppen von Menschen zuzuordnen sind. Man hätte folgern (und feststellen) können: Alle Menschen können alle möglichen erotischen Gefühle haben. Es gibt so viele Sexualitäten, wie es Menschen auf diesem Planeten gibt. Es gibt keine unterscheidbaren Menschensorten, sondern nur *eine* Menschheit, und diese besteht aus Menschen, die alle gleich und zugleich alle verschieden sind.

Aber leider hat nicht einmal Freud selbst die Radikalität seiner Beobachtungen in der ersten der *Drei Abhandlungen* auf Dauer durchgehalten. In der zweiten und dritten Abhandlung wurde die Thematisierung der Macht, die die sexuellen Präferenzen kulturellen Einschränkungen unterwirft, wieder verwischt, »zum einen durch die Annahme einer normalen oder, besser gesagt, organischen sexuellen Entwicklung, was gleichbedeutend mit der Wiederkehr teleologischen* Denkens ist, zum anderen durch die Wiedereinsetzung biologischer, sprich konstitutioneller Momente«[12]. Die Anführungszeichen, die die »Normalität« bei Freud anfangs begleiteten, verschwanden wieder, und die Sexualtheorie der Psychoanalyse wurde wieder normativ und konventionell. Bis in die 1980er-Jahre hinein konnte die Psychoanalyse die »Homosexualität« wieder als seelische Störung einstufen und zu behandeln vorgeben.

Was war geschehen? Hierüber ist viel spekuliert worden. Ich stimme Martin Dannecker zu, wenn er meint, dass Freud wohl »die Psychoanalyse vor dem Verdacht bewahren wollte, jenen Sexualitäten, welche die bürgerliche Sexualmoral zum Verschwinden bringen wollte, das Wort zu reden«[13]. Es galt, die Etablierung der Psychoanalyse als Wissenschaft nicht durch allzu radikale Vorstellungen zu gefährden. Möglicherweise war auch Freud persönlich sich nicht im Klaren darüber, was er von den zu seiner Zeit als »nicht normal« angesehenen Sexualitäten halten sollte. Es wäre aber historisch irreführend, Freud hier nach den Maßstäben der Gegenwart zu beurteilen. Martin Dannecker schreibt: »Wer sich aus heutiger Sicht über diese Ambivalenz mokiert, beraubt Freud des mit ihr verwobenen und nur im historischen Vergleich zu ermessenden Muts, und er unterschlägt, dass es sich dabei um eine doppelte Ambiva-

* »Telelogisch« heißt: auf ein Ziel ausgerichtet, hier verwendet im Sinne einer Entwicklung hin zur »Normalität« und zur Zeugung von Nachkommen.

lenz handelt, die sowohl der normalen als auch der nicht normalen Sexualität gilt.«[14]

So kam es, dass das Konstrukt der Homosexualität zwar eigentlich von Freud bereits infrage gestellt oder verflüssigt wurde, dass es ihn aber gleichwohl überlebt hat. Nicht zuletzt deshalb, weil es in seiner Zeit mehr denn je populär wurde, in genetisch definierten Gruppen, Geschlechtern, Völkern und »Rassen« zu denken.

2. *Alfred Kinsey*

Der US-amerikanische Biologe und Sexualforscher Alfred C. Kinsey (1894–1956) war der erste, der es unternahm, das tatsächliche Sexualverhalten der Menschen empirisch zu erforschen und in großem Stil statistisch verwertbare Daten darüber zu sammeln.[15] Vorher hatte es dazu nur Vermutungen und theoretisch-philosophische Überlegungen gegeben, die, wie sich zeigen sollte, oft weit von der Wirklichkeit entfernt waren.

1941, nicht lange nach Freuds Tod, erschien in einer US-amerikanischen Fachzeitschrift für Endokrinologie (Hormon- und Drüsenforschung) ein Aufsatz Kinseys[16], der zwar nicht auf Freud Bezug nimmt, sich aber heute so liest, als würde er nahtlos an dessen Erkenntnisse der *ersten Abhandlung* anschließen. Kinsey stellte darin erste Auswertungen aus Interviews vor, die er seit 1938 zum Sexualverhalten der Menschen geführt hatte.

Dazu setzte er zunächst bei der populären Meinung seiner Zeit an, dass die Homosexualität von den Hormonen im menschlichen Körper hervorgerufen werde. Kinsey unterzog die erste einschlägige Studie hierzu (sie verglich die Androgen- und Östrogenmengen im Urin von 31 »Normalen« und 17 »klinisch diagnostizierten Homosexuellen«) einer eingehenden Betrachtung und fand darin gravierende Widersprüche: So wurde nach einer von zwei angewandten Methoden zur Urinprobengewinnung bei den »Homosexuellen« deutlich weniger

Androgen gemessen, nach der anderen Methode mehr. Und die Autoren der Studie bildeten daraus dann einfach einen Durchschnittswert. Die Abweichungen der Werte innerhalb der »homosexuellen Gruppe« betrugen jedoch zum Teil 250 bis 350 Prozent.

Das war für Kinsey eindeutig mehr Meinung als Wissenschaft. Schon die Tatsache, dass in diesen Studien im Voraus feststand, wer (nach dem Sprachgebrauch der Studie) »die Normalen« und wer »die Homosexuellen« seien, erschien ihm alles andere als seriös. Man müsste erst einmal, so folgerte er, in Feldstudien das *tatsächliche* Sexualverhalten der Menschen erforschen, bevor man sie mit den Etiketten »normal« und »homosexuell« versehe. Zudem müsste die Anzahl der Testpersonen wesentlich höher sein. Und genau das war sein Projekt, dem er seit 1938 mithilfe von Interviews und detaillierten Fragenkatalogen nachging.

Im Laufe der Auswertung seiner bis 1941 geführten 1600 Interviews stellte Kinsey fest, dass die theoretische Aufteilung der Menschheit in Homo- und Heterosexuelle im realen Leben kaum anzutreffen war. Unerwartet viele der von ihm befragten Personen hatten sowohl gleichgeschlechtliche als auch verschiedengeschlechtliche Sexualkontakte. Sie lagen also *zwischen* den eindeutigen Enden des Spektrums. Das aber sei mit einer Theorie der hormonellen Veranlagung kaum oder gar nicht zu erklären, folgerte Kinsey:

Homosexualität ist nicht das seltene Phänomen, für das man es gemeinhin hält, sondern ein Verhaltenstypus, der letztlich bis zur Hälfte der gesamten männlichen Bevölkerung umfassen kann. Jede hormonelle oder andere Erklärung des Phänomens muss das berücksichtigen. Jede Bezugnahme auf die sogenannten Normalen als Kontrollgruppe […] sollte der Tatsache Rechnung tragen, dass ein Viertel bis eine Hälfte dieser »Normalen« zu irgendeiner Zeit ihres Lebens tatsächlich homosexuelle Erfahrungen gemacht haben wird; und es muss […] in ähnlicher Weise anerkannt werden, dass es nur wenige »Homosexuelle« gibt, die nicht wenigstens ein paar und in vie-

len Fällen sogar beträchtliche heterosexuelle Erfahrungen gemacht haben.[17]

Diese ersten, in nüchternem Ton präsentierten Erwägungen wurden in ihrer Tragweite nur von wenigen erkannt. Doch Kinsey und sein Team fuhren viele Jahre fort, mit Männern und Frauen jeden Alters, jeder Religion, aller Einkommens- und Bildungsgrade sowie aus allen ländlichen und städtischen Gebieten der USA detaillierte Interviews über deren Sexualleben zu führen. Zuletzt waren es über 11.000. Dabei wurde immer deutlicher, dass die klassische Einteilung der Menschheit in Hetero- und Homosexuelle nicht zu halten war.

Wie sollte man Menschen einordnen, die ihre Sexualität ausschließlich mit andersgeschlechtlichen Partnern lebten, aber immer auch gleichgeschlechtliche Phantasien hatten? In welche Kategorie sollten Menschen gehören, die in festen heterosexuellen Beziehungen lebten, aber ständig auch homosexuelle Kontakte pflegten? Waren homosexuell lebende Männer, die bei Besuchen ihrer Jugendfreundinnen immer noch gerne mit ihnen schliefen, wirklich Homosexuelle? Wie waren Strichjungen mit tausenden männlicher Sexpartner einzuordnen, wenn sich ihr persönliches Verlangen konstant auf die langjährige Freundin richtete?

Kinsey sah sich veranlasst, seinen Kategorienapparat immer weiter zu verfeinern. Er versuchte, die Aussagen der Befragten über ihre Wünsche und Gefühle ebenso zu berücksichtigen wie ihr konkretes Verhalten. Zuletzt arbeitete er mit einer einfachen siebenstufigen Skala. Damit wollte er einerseits die Unterschiede unter seinen Probanden sichtbar machen und andererseits einen Eindruck von der Bandbreite der sexuellen Verhaltensweisen vermitteln.

Kinseys Untersuchungen zeigten, dass die Stufen 0 oder 6 lediglich die äußersten Enden des Spektrums darstellen. Der größte Teil der Bevölkerung fand sich in den Mischkategorien 1–5 wieder, die vereinzelte oder auch häufigere homosexuelle Erfahrungen widerspiegeln. Der springende Punkt der Skala

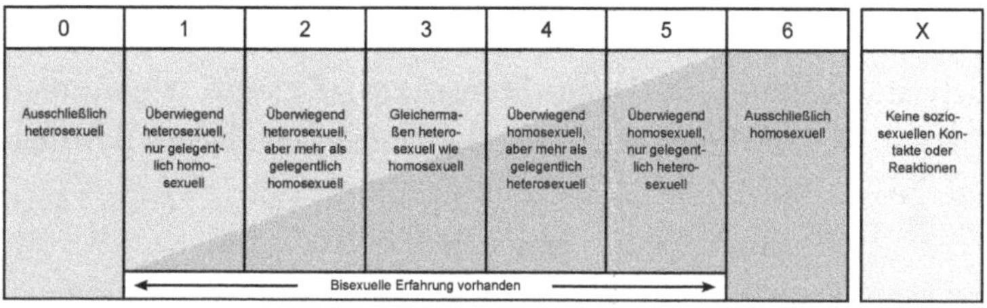

Quelle: https://commons.wikimedia.org/wiki/File:Kinsey-Scale_de.svg#/media/File:Kinsey-Scale_de.svg

war aber nicht die – durchaus willkürliche – Einteilung der Probanden in sieben Kategorien und auch nicht unbedingt die Exaktheit der Zahlen, sondern die Tatsache, dass die Verhaltensunterschiede unter den Menschen fließend waren und mehrheitlich nicht dem Schema »entweder – oder« folgten: Es war die empirische Feststellung eines heterosexuell-homosexuellen Kontinuums.

Diese Erkenntnisse veröffentlichte Kinsey 1948 im seinem ersten *Kinsey-Report* in den USA.[18] Er zog dort den Schluss, dass man sexualwissenschaftlich nicht sinnvoll von Homo- und Heterosexuellen sprechen könne:

Die Welt läßt sich nicht in schwarze und weiße Schafe aufteilen; denn nicht alle Dinge sind schwarz oder weiß. Es ist ein Grundsatz der Taxonomie, daß die Natur selten getrennte Kategorien aufweist. Nur der menschliche Geist führt Kategorien ein und versucht, die Tatsachen in bestimmte Fächer einzuordnen. Die lebende Welt ist in allen ihren Aspekten eine Kontinuität. Je eher wir uns dieser Tatsache in Bezug auf die menschliche sexuelle Verhaltensweise bewußt werden, desto eher werden wir zu einem gesunden Verständnis der Realitäten gelangen.[19]

Zuletzt gab Kinsey die Kategorie der Homosexualität vollständig auf. Allenfalls, so meinte er, könne man von »Individuen mit einem bestimmten Ausmaß an heterosexueller Erfahrung und einem bestimmten Ausmaß an homosexueller Erfahrung«[20] sprechen. Grundsätzlich waren Homosexuelle nicht von Heterosexuellen zu unterscheiden; bestenfalls war es möglich anzugeben, »wie viele Menschen zu einem bestimmten Zeitpunkt welchem Abschnitt der Kinsey-Skala zuzuordnen waren«[21].

Nach Erscheinen des ersten *Reports* wurden Kinseys Erkenntnisse nicht mehr unterschätzt. Ihr Echo war gewaltig, sowohl in den USA als auch international. Sie erschütterten das Selbstbild der westlichen Gesellschaften tief und riefen (oft aufgrund oberflächlicher Interpretationen) zahlreiche Proteste und Infragestellungen hervor – insbesondere seitens der Kirchen. Den Reports wurde u. a. vorgeworfen, der Kreis der über ihr Sexualleben befragten Personen sei nicht repräsentativ (weil auch Prostituierte und Gefängnisinsassen unter den Befragten waren). Kinseys Nachfolger als Direktor am Kinsey Institute for Sex Research, Paul Gebhard, ließ deshalb in einem langjährigen Projekt die Daten der Reports verifizieren und von ergebnisverfälschenden Faktoren bereinigen. Die Überprüfungen ergaben nur punktuelle Abweichungen und bestätigten Kinseys Schlussfolgerungen in allen wesentlichen Punkten.[22]

So hatte Kinsey bereits mit seinem ersten *Report* den Abschied von der Kategorie der Homosexualität vollzogen. Damit aber war er seiner Zeit weit voraus. Die Resonanz auf Kinseys Arbeit war zwar enorm, doch die wenigsten folgten seiner Konsequenz. »Das Klassifizierungsdenken saß einfach zu tief.«[23]

3. *Mary McIntosh, Guy Hocquenghem und andere*

Freud und Kinsey waren nicht die Einzigen, die die Kategorisierung von Menschen als »Homosexuelle« kritisierten und ad absurdum führten. Ich erwähne hier in aller Kürze noch einige weitere Versuche in dieser Richtung, um einen Eindruck zu vermitteln, wie massiv, vielfältig und langanhaltend die Kritik am Konstrukt der »Homosexualität« war (und ist).

1968 trat die britische Soziologin Mary McIntosh (1936–2013) auf den Plan und bestritt kategorisch, dass Homosexualität ein klinisch feststellbares Merkmal sei; vielmehr variierten Bedeutung und Praxis gleichgeschlechtlicher Beziehungen je nach den historischen und kulturellen Umständen. Zwar gebe es in den westlichen Gesellschaften Menschen, die freiwillig oder unfreiwillig die *Rolle* des Homosexuellen spielten und alle die ihnen zugeschriebenen Charaktereigenschaften zeigten; aber andere mit vergleichbarem Sexualverhalten spielten diese Rolle nie und fielen auch nicht durch Effeminiertheit oder einen Mangel an »männlichem« Gebaren auf. Insofern handele es sich bei der Homosexualität um eine *gesellschaftliche Rolle*. In England sei sie im späten 17. Jahrhundert als *sodomy* aufgekommen; in anderen Kulturkreisen sei sie unbekannt. Das jedoch mache es sinnlos, nach den biologischen Ursachen der Homosexualität zu fragen. Genauso gut könne man nach den Ursachen für die Entstehung anderer Minderheiten fragen, z. B. der Komiteevorsitzenden oder der Siebenten-Tags-Adventisten.

Stattdessen schlug McIntosh vor, die Auffassung, dass man Homosexualität aus biologischen Ursachen erklären könne, selbst einmal kritisch zu untersuchen. Denn diese Auffassung sei keineswegs unschuldig und bringe selbst das Verhalten hervor, das sie den Menschen zuschreibe:

Diese Auffassung und das von ihr unterstützte Verhalten wirken als eine Form der sozialen Kontrolle in einer Gesellschaft, in der Homosexualität verurteilt wird. Die unkritische Übernahme dieses Konzepts durch Sozialwissenschaftler ist auf ihre Beschäftigung mit Homosexualität als einem sozialen Problem zurückzuführen. Sie neigen dazu, die populäre Definition des Problems zu akzeptieren, und sie sind selbst in den Prozess der sozialen Kontrolle verwickelt.[24]

Die Praxis des *social labeling* (gesellschaftliche Etikettierung) von Personen als »abweichend« müsse deshalb erkannt und kritisiert werden, anstatt die Menschen auf ihre homosexuelle

Rolle zu verweisen und in ihrem vermeintlichen Anderssein zu bestärken. Mary McIntosh sah darin geradezu eine Bedingung für emanzipatorische Arbeit, der sie sich als aktive Feministin und Mitbegründerin der lesbisch-schwulen Befreiungsbewegung Großbritanniens jahrzehntelang widmete. Für die Entstehung der lesbischen und schwulen Geschichtsforschung und für die Queer-Theorie der Gegenwart kann der hier zitierte Aufsatz *The Homosexual Role* als wichtige Initialzündung gelten.

Auch die US-amerikanischen Soziologen John Gagnon (1931–2016) und William Simon (1930–2000) sahen im menschlichen Sexualverhalten nicht den Ausdruck eines »natürlichen« Triebs, sondern ein komplexes Zusammenspiel gesellschaftlicher »Skripte«, die wie ein Drehbuch Rollen vorgeben, welche in einem Prozess der persönlichen Aneignung umgesetzt, modifiziert, zurückgewiesen oder verarbeitet werden müssen.[25] Alle menschlichen Verhaltensweisen seien also individuelle oder gemeinschaftliche Reaktionen auf kulturelle, religiöse, politische und familiäre Skripte und damit »erlernte Formen gesellschaftlicher Praxis«[26], also keineswegs bloß ein mechanisches Ausagieren vermeintlich natürlicher Anlagen.

Der französische Soziologe und Schriftsteller Guy Hocquenghem (1946–1988)[27] bezieht sich 1972 in seinem Werk *Das homosexuelle Verlangen* selbst auf Freud und Kinsey, als er festhält, dass Homosexualität keine unveränderliche Naturgegebenheit sei, sondern »ein Erzeugnis der normalen Welt«[28]. In diesem Sinne sagt er: »Die Homosexualität existiert nicht und existiert doch«[29]. Schon der Begriff »Homosexualität« selbst schaffe künstliche und problematische Unterscheidungen. Aus dem breiten Strom des menschlichen Verlangens, »in dem es keinerlei Unterschied zwischen den Homosexuellen und den Heterosexuellen gibt«[30], grenze der Begriff einige Aktivitäten aus und erkläre sie zu einem eigenständigen Phänomen. So entstehe eine Distanz zwischen Homosexuellen und Heterosexuellen und bediene das Bedürfnis der Heterosexuellen, gleichgeschlechtliches Verlangen als eine Eigenschaft der *Anderen* zu sehen, die mit ihnen selbst nichts zu tun hat. Bei diesen Anderen dürfe dieses Verhalten dann strafrechtlich verfolgt und psychiatrisch behandelt werden. Deshalb führe bereits der Begriff »Homosexualität« dazu, dass »alle Bemühungen um eine Eingliederung der Homosexualität in das normale Leben immer wieder enttäuscht werden«[31]. Schließlich vollziehe der Begriff ja gerade eine Ausgliederung.

Mit dem Bild des breiten Stroms drückt Hocquenghem aus, dass es innerhalb des Verlangens keine sinnvollen begrifflichen Einteilungen geben kann, kein »entweder – oder«, sondern nur ein »sowohl – als auch«: »Heterosexualität und Homosexualität sind schwankende Ausdrucksformen eines Verlangens, das keinen Namen hat«[32]. Genau das habe auch der »naive Kinsey« mit seiner Skala einsehen müssen: »Immer genauere Unterscheidungen will man treffen und trifft dabei auf das Ununterscheidbare.«[33]

Für diejenigen, die für sich das Etikett des »Homosexuellen« akzeptieren, ist das eine durchaus tragische Angelegenheit: Im Glauben, ihrer »Natur« zu gehorchen, machen sie aus sich selbst ein Kunstprodukt, nämlich »produzierte Homosexuelle«, wie Hocquenghem das nennt. Das aber sei keine Befreiung zur eigenen Lust, sondern die Übernahme einer Rolle in der bürgerlichen Gesellschaft: »Der *produzierte* Homosexuelle braucht nun nur noch den Platz einzunehmen, den man ihm reserviert hat, er braucht nur noch die Rolle zu spielen, die man für ihn programmiert hat, – und er tut es mit Begeisterung und will immer noch mehr davon.«[34] Er willige in das gesellschaftliche System aus Schuld und Verantwortung ein und entwerfe sein Leben als symmetrisches Spiegelbild der sanktionierten Heterosexualität: mit einer lediglich konträren Objektwahl, in Zweierbeziehungen, mit Eifersucht, Besitzansprüchen, Scheidungsgefechten und allem, was dazugehört. Die »produzierten Homosexuellen« würden zur Karikatur der »Normalität«.[35]

Ein Ausweg aus dieser Lage ist demnach nur im Erkennen der Künstlichkeit der Kategorie der Homosexualität zu finden – und im Erkennen, dass es ein *gemeinsamer* Fluss ist, der das Verlangen der Menschen bildet, nicht verschiedene betonierte Kanäle, in denen unterschiedliche Menschenarten schwimmen, die sich unüberwindbar fremd sind.

Wenige Jahre später wies der deutsche Sexualwissenschaftler Rolf Gindorf (1939–2016) ebenfalls darauf hin, dass es gefährlich sei, einer als »natürlich« gedachten Heterosexualität eine biologisch-genetische Homosexualität gegenüberzustellen, als seien dies die beiden feststehenden Grundformen der menschlichen Sexualität. Denn die Frage nach den Ursachen (die sogenannte »Ätiologieforschung«) stehe einem echten Verstehen der Sexualität der Menschen im Wege:

Das Dilemma des bisherigen Forschens über die menschliche Sexualität lag in der unbewußten, aber selbstverständlich hingenommenen Aufspaltung in entgegengesetzte Triebe und Anlagen. […] Auch die Aufspaltung in Heterosexualität und Homosexualität, in Heterosexuelle und Homosexuelle, ist ein Artefakt, das auf einem folgenschweren Irrtum beruht: der Annahme nämlich, es bedürfe grundlegend verschiedener Modelle zur Erklärung hetero- und homosexueller Verhaltensweisen. Die gesamte Ätiologieforschung war ideologisch vorbelastet, weil sie einen Teil des sexuellen Kontinuums abtrennte und mithilfe grundlegend anderer Konzepte zu analysieren versuchte.[36]

Festzuhalten bleibt, dass zahlreiche Autoren und Autorinnen der Psychoanalyse, Biologie, Soziologie und Sexualforschung das Konstrukt der Homosexualität seit Langem einer grundlegenden Kritik unterzogen haben, sich damit aber bis heute im allgemeinen Bewusstsein nicht durchsetzen konnten. Das führt zu der Frage, in welcher Lage sich die Sexualität in der Gegenwart befindet und was sich daraus für das Zusammenleben der Menschen ergibt.

VI
Identität und Begehren

> »Keine Geschlechtlichkeit eines Menschen ist mit der eines anderen Menschen identisch. Das ist einzigartig wie ein genetischer Fingerabdruck.«[1]
>
> *Volkmar Sigusch*

Was bedeutet die Tatsache, dass Homosexualität trotz aller wissenschaftlichen Kritik weiter von Mehrheiten in den westlichen Gesellschaften nicht als Ideologie, sondern meist als fraglos existierende Tatsache mit hormonellen oder genetischen Ursachen wahrgenommen wird? Ist das nur ein intellektueller Schönheitsfehler? Kann man damit leben, solange Homosexualität nicht als Krankheit verstanden wird und unsere Gesellschaften von Toleranz getragen sind? Ist nicht schon viel erreicht, wenn Homosexualität als eigenständige »Lebensform« gesellschaftlich und gesetzlich anerkannt ist? Geht es nur noch darum, dass auch rückständige Staaten und Organisationen (z. B. manche Religionsgemeinschaften) ihre ablehnende Haltung überdenken und Homosexuelle »anerkennen«?

Anders gefragt: Kann man es nicht sogar als einen Dienst des 19. Jahrhunderts ansehen, dass es den gleichgeschlechtlich Begehrenden einen von allen theologischen Verurteilungen befreiten Namen geschenkt hat, unter dem sich die Betroffenen sammeln, organisieren und eine eigene, selbstbewusste Identität aufbauen können?

Leider nein. Denn wie auf den vorangehenden Seiten gezeigt, war es in den letzten 1000 Jahren der abendländischen Geschichte nicht darum gegangen, eine Gruppe von »Anderen« kenntlich zu machen, um sie in ihrer Eigenart besser zu verstehen. Vielmehr hat man mit Hilfe des Begriffs »Sodomie«

diese Gruppe der »Anderen« überhaupt erst *erzeugt*: als fiktive Gruppe von besonders gefährlichen Sündern. Sie existierte nur in den Köpfen mancher Leute. Diejenigen, die mit diesem Begriff belegt wurden, unterschieden sich in nichts von ihren Mitmenschen – auch nicht im Verhalten. Gleichgeschlechtlicher Sex war, wie gezeigt, etwas, das grundsätzlich eine Möglichkeit *aller* Menschen war (wie später Freud, Kinsey und andere erneut nachgewiesen haben). Zu einer Gruppe mit eigener Identität wurden die Sodomiten erst, als man sie in der Neuzeit wegen ungehöriger Männerfreundschaften zu verachten und zu verfolgen begann.

Als im 19. Jahrhundert die »Homosexualität« das Erbe der »Sodomie« antrat, ging es den Namensgebern zwar darum, den gleichgeschlechtlichen Sex vom Ruch der Sünde zu befreien (mit eher durchwachsenem Erfolg), doch der neue Begriff stellte die Vorstellung jener Andersheit, die mit der »Sodomie« in die Welt gebracht worden war, nicht in Frage, sondern baute bruchlos auf ihr auf. Anders gesagt: Der Begriff »Homosexualität« war die Fortsetzung der Diskriminierung mit weltlichen Mitteln, genauer: mittels einer medizinischen Kategorie, die man als Laie kaum noch infrage stellen konnte. Wer sich hinfort als homosexuell sah, willigte ein, anders zu sein, zu einer objektiv anderen Sorte von Menschen zu gehören. Auch wenn Homosexualität heute seltener als Krankheit verstanden wird, transportiert der Begriff weiterhin die Vorstellung, dass die Menschheit nicht aus Gleichen, sondern aus unterschiedlich gearteten Gruppen besteht – mit erheblichen Konsequenzen für »Homosexuelle« wie für »Heterosexuelle«.

Auf den folgenden Seiten werde ich darum der Frage nachgehen, was dies für die Identität der Menschen, für ihr Selbstbild bedeutet – und welche Konsequenzen daraus für eine entspanntere Zukunft für alle gezogen werden können.

1. Die Zweiteilung der Menschheit

In den vergangenen vierzig bis fünfzig Jahren hat sich die Wahrnehmung und das öffentliche Reden über Homosexualität stark verändert. Tauchte das Thema in den 1960er-Jahren – wenn überhaupt – vor allem im Zusammenhang mit Sexualverbrechen in der Öffentlichkeit auf, so interessierten sich in den 1980er- und -90er-Jahren – im Gefolge der AIDS-Krise – immer mehr Nachrichtenmagazine, Talkshows, Feuilletons und sogar Comedy-Serien für »die« Homosexuellen. Zunächst erregte zwar noch deren als Infektionsrisiko gefürchtetes Sexualverhalten die Gemüter (in Krisenzeiten immer ein Klassiker: wie zuvor schon »die« Juden und »die« Schwarzen sah man nun auch »die« homosexuellen Männer als sexuell bedrohliche Minderheit), doch allmählich gerieten andere Aspekte des homosexuellen Lebens ins Fadenkreuz des öffentlichen Interesses: die besonderen Formen des Soziallebens, die (gelegentlich) offeneren Beziehungen, die Subkultur, Kleinkunst, Filme, Comics, Literatur und nicht zuletzt die bunten Straßenparaden zum Christopher-Street-Day (ursprünglich Demonstrationen zur Erinnerung an die Gegenwehr von Barbesuchern gegen willkürliche antihomosexuelle Razzien der New Yorker Polizei in der Christopher Street am 28. Juni 1969). Alles zusammen veränderte das Bild »der« Homosexuellen.

Die Mehrheitsgesellschaft entspannte sich, blickte zuweilen mit Neid auf den vermeintlich freizügigeren Umgang der Schwulen mit dem Sex, auf die angeblich haltbareren Beziehungen der Lesben und ließ mit sich über »gleichgeschlechtliche Lebenspartnerschaften« bis hin zur Öffnung der Ehe auch für gleichgeschlechtliche Paare reden. Selbst Nachrichtensendungen und Feuilletons befleißigten sich gelegentlich, die in der Szene bevorzugten Begriffe »Schwule« und »Lesben« zu verwenden und erweckten, so gut sie es konnten, den Eindruck, es handele sich bei der Homosexualität um »etwas ganz Natürliches«.

So »weiß« heute jedes Kind, was ein Homosexueller, was ein Schwuler, was eine Lesbe ist, bevor es überhaupt ahnt, was sexuelle Gefühle sind. Und bevor in Jugendlichen ein ernsthafteres sexuelles Verlangen nach anderen Menschen erwacht, wissen sie schon, dass es dafür in der Hauptsache zwei Begriffe gibt: »Heterosexualität« und »Homosexualität«. Die eigenen Wünsche unabhängig von diesen Kategorien zu entdecken ist in unserer Zeit unmöglich. Die typische Erfahrung von Jugendlichen früherer Zeiten, die sich isoliert und einsam fühlten, als sie feststellten, lieber gleichgeschlechtliche sexuelle Kontakte knüpfen zu wollen, dürfte endgültig der Vergangenheit angehören.

Die Jugendlichen der Gegenwart leben im Bewusstsein, dass es Homosexuelle »gibt«, dass diese überall anzutreffen sind und dass sie, die Jugendlichen, selbst möglicherweise entdecken müssen, homosexuell zu sein. Ich schreibe »müssen«, weil zugleich ein diffuses »Wissen« verbreitet ist, dass Heterosexualität das »Normale« sei und Homosexualität das »Andere«. Letzteres gilt – trotz aller Bemühungen um Aufklärung und Toleranz – keineswegs als wünschenswert.

Der Grund dürfte vor allem darin zu suchen sein, dass Homosexualität weiterhin als *Veranlagung* gilt, nicht als *Verlangen.* Sie ist – nach dieser Vorstellung – in einem Menschen verborgen angelegt und tritt irgendwann zutage. Sie ist kein Wünschen oder Begehren – sie kommt über die Menschen, ob sie wollen oder nicht. Sie zwingt die Betroffenen zum Eingeständnis, »anders als die anderen« zu sein.

Auch dieser Prozess des Bewusstwerdens und Akzeptierens des eigenen (angeblichen) Andersseins – nach amerikanischem Vorbild »Coming-out«[2] genannt – verläuft heute anders als in früheren Zeiten. Heute geht es nicht mehr um die Auseinandersetzung mit Diagnosen der Perversion oder Krankhaftigkeit, aber auch keineswegs bloß um das Erkennen eigener Wünsche und Vorlieben. Eher handelt es sich um die Entdeckung, ein »Kuckucksei« zu sein, d. h. einer anderen Spezies anzugehören und nur durch Zufall im Nest einer »normalen«

Familie aufzuwachsen. Womit man auf einmal nicht mehr ganz zur eigenen Familie, zur Mehrheitsgesellschaft und ihrer Kultur gehört.

Das Coming-out ist darum zuerst einmal die Erfahrung einer Ausbürgerung und eröffnet sodann die für Jugendliche oft wenig verlockende Perspektive, sich in einer schwulen oder lesbischen Sonderwelt (»Subkultur«) einbürgern zu dürfen. Wie man in Beratungsstellen erfahren kann, verläuft das Coming-out vieler Jugendlicher heute – entgegen den Erwartungen – kaum weniger traumatisch als vor vierzig Jahren. Es ist für viele immer noch eine angstbeladene Zeit, die unsere Kultur ihnen aufnötigt. Lediglich die inneren Konflikte sehen heute anders aus.

Die liberalen psychosozialen Beratungsangebote befestigen meist die Dichotomie* von Homo- und Heterosexualität, indem sie Jugendliche dazu ermutigen, ihr »Anderssein« doch einfach »anzunehmen«. *Dass* sie anders sind und sich in Zukunft so verstehen sollen, wird dabei selbstverständlich vorausgesetzt.

Dementsprechend nimmt aggressiv antischwules Verhalten unter Jugendlichen in den letzten Jahren wieder zu; viele Jungs fühlen sich genötigt, mit lautstarkem Geschrei und gelegentlich mit Gewalt zu »beweisen«, dass sie nicht schwul sind. Es ist für sie klar, dass das etwas Minderwertiges wäre, und dementsprechend ist das Wort »schwul« unter ihnen wieder zu einem Schimpfwort geworden. (Antilesbische Rhetorik scheint weniger lautstark in Erscheinung zu treten.) Unterdessen versuchen diejenigen jungen Leute, die tatsächlich ihre in unterschiedliche Richtungen gehenden sexuellen Wünsche leben wollen, sich so gut wie möglich den geltenden Kategorisierungen zu entziehen.

Ein Weg besteht für viele darin, das rigide Entweder-oder durch die Hinzunahme weiterer Kategorien aufzubrechen: Aus

* Dichotomie: (aus altgriechisch δίχα/dícha, »zweifach, doppelt« und altgriechisch τομή/tomé »Schnitt«): Zerlegung einer Gesamtheit in zwei Teile, die einander ohne Schnittmenge gegenüberstehen.

Schwulen und Lesben wurden LGBT, LGBTIQ, LGBTIQA+ usw. Man spürt die Not mit den binären Kategorien, die sich darin ausdrückt und nach Auswegen sucht. Allerdings wurde das kategorisierende Denken damit nicht gesprengt, sondern lediglich erweitert. Und mit dem gegenwärtig populären Gedanken, dass sich die *Identität* eines Menschen durch Zuordnung zu einer der angebotenen Gruppen realisiert, ist man möglicherweise vom Regen in die Traufe geraten. Wie der Psychoanalytiker Arno Gruen (1923–2015) in seinem Werk eindrücklich beschrieben hat, sind kollektive Identitäten nicht der natürliche Ausdruck von persönlicher Identität, sondern ein (möglichweise pathologischer) Ersatz nach einer gescheiterten individuellen Identitätsfindung.[3]

Immerhin: Es zeichnen sich Risse ab in der festgefügten Zweiteilung der Menschheit – vor allem in den jüngeren Generationen, die die Zumutung der Begriffe stärker empfinden. Es ist ein Anliegen dieses Buchs, diese Risse vergrößern zu helfen, in der Hoffnung, dass die lebensfeindlichen Gehäuse, in denen wir sitzen, irgendwann ganz von uns abplatzen.

Die liberalen Teile der westlichen Gesellschaften gefallen sich derweil darin, Schwule und Lesben als Andere zu *tolerieren*. Sie halten sich etwas darauf zugute, dass auch diese Anderen einen Platz in ihrer Mitte haben dürfen. Aber *dass* Schwule und Lesben anders *sind*, steht für sie nicht in Frage. Im Gegenteil: Ihr Anderssein ist die erwünschte Funktion von Lesben und Schwulen in einer liberalen Gesellschaft. Für die Mehrheit ist es angenehm, gleichgeschlechtliche Gefühle einer klar umrissenen Minderheit von »Anderen« zuweisen zu können; das entlastet davon, sich mit den eigenen abweichenden sexuellen Wünschen auseinandersetzen zu müssen.

Die Existenz einer schwul-lesbischen »Community« hat so indirekt die Funktion, die Selbstverständlichkeit der heterosexuellen Mehrheitsgesellschaft zu bestätigen: Ihr seid, wie ihr seid, und wir sind, wie wir sind. Im Gegenzug revanchiert sich die Mehrheit damit, eine Reihe diskriminierender Gesetze gegen die Minderheit aus dem Weg zu räumen. Grundlage dafür bleibt aber das beiderseitige Einwilligen in die Auffassung, dass die Gesellschaft tatsächlich aus sauber getrennten Populationen von Hetero- und Homosexuellen besteht. Beide Seiten profitieren davon und können stolz auf sich sein: die einen auf ihre Toleranz und »Weltoffenheit«, die anderen auf den Erfolg ihrer Bemühungen um Anerkennung.

Intellektuell befindet sich der Glaube an die Zweiteilung der Welt in Homosexuelle und Heterosexuelle auf demselben Niveau wie der Glaube an die Existenz unterschiedlicher menschlicher »Rassen«, an die Dichotomien von »Schwarzen« und »Weißen«, »Frauen« und »Männern« mit den entsprechenden feststehenden Merkmalen. Immer geht es dabei um die Zugehörigkeit zu den »Einen« oder zu den »Anderen«, zur »Mehrheit« oder zur »Minderheit«, zu den »Normalen« oder »Unnormalen«, zu denen, die »natürlicherweise« alle Rechte haben, oder zu denen, die um ihre Rechte kämpfen müssen.

Damit will ich nicht behaupten, dass es keine Unterschiede beim Sexualverhalten, bei den Hautfarben oder den Fortpflanzungsorganen der Menschen gäbe. Aber die Zuweisung zu jeweils einer von zwei »Seiten« unter Absehung von allen Schattierungen, Zwischenstufen und Differenzierungen hat mit der Realität nichts zu tun und ist immer die Grundlage für die ungleiche Zuteilung von Rechten und Lebensmöglichkeiten. Anders gesagt: Die Zweiteilungen der Welt sind immer die Basis für die Selbstbestätigung der Einen und die Ausgrenzung der Anderen. Letztere verschwindet nicht schon damit, dass man den »Anderen« signalisiert, ihr Anderssein sei »okay«.

Welchen Preis *beide* Teile der Welt für diesen Glauben bezahlen, ist den meisten in der Regel nicht bewusst. Dazu in den nächsten Abschnitten mehr.

2. Die Institution der Heterosexualität

Werfen wir einen Blick auf die Heterosexualität. Sie ist ja keineswegs bloß eine neutrale Bezeichnung für die Tatsache, »dass einige (oder sogar die meisten) Sex mit Menschen bevorzugen, die andere Genitalien haben als sie selbst«[4]. Sie ist wie die Homosexualität eine neuartige Konstruktion des sexuellen Verlangens, die keine historischen Vorläufer und Parallelen in anderen Kulturen hat. Genauer: Sie ist eine Institution der europäisch-amerikanischen Kultur mit präzisen Vorstellungen, wie »Heterosexuelle« sind oder zu sein haben – und wie nicht. Sie entstand im 19. Jahrhundert als seitenverkehrtes Spiegelbild der Homosexualität. Während das gleichgeschlechtliche Begehren als unnormal oder krankhaft galt, waren die Heterosexuellen jetzt im Umkehrschluss die Normalen und Gesunden, d. h. diejenigen, die nicht von gleichgeschlechtlichen Anwandlungen heimgesucht wurden. Oder – wie es der amerikanische Queer-Theoretiker David Halperin augenzwinkernd ausdrückte – diejenigen, »die (angeblich) *unter allen Umständen* unfähig sind, von einer Person ihres eigenen Geschlechts sexuell erregt zu werden«[5].

Die Heterosexuellen sind damit nun ebenfalls eine Menschenart für sich geworden. Sie sind *per definitionem* die »Nicht-Homosexuellen« und haben sich auch als solche zu beweisen. Und zwar nicht nur durch verschiedengeschlechtliche Partnerwahl und die Hervorbringung von Nachkommen. Vielmehr sollen sie auch unbedingt den erwarteten Geschlechterrollen entsprechen. Denn wie Homosexuelle und Heterosexuelle *sind,* leitete man – schon vor der Erfindung dieser Begriffe – aus den herrschenden Klischees von Weiblichkeit und Männlichkeit ab. Unterstellte man männlichen Homosexuellen eine Tendenz zum weiblichen, »effeminierten« Verhalten (und unter »weiblich« verstand man alles Weiche, Sanfte, Häusliche, aber auch das Modebewusste, Nichtaggressive und Wehrlose), so erwartete man von heterosexuellen Männern ein entschieden »männliches« Auftreten (hart, selbstbewusst, sportlich, dominant, souverän, kriegerisch).

Daran ist, nebenbei bemerkt, auch zu sehen, wie eng verwandt an diesem Punkt Frauenfeindlichkeit und Schwulenfeindlichkeit sind (und dass die ganze Angelegenheit ein Problem des Patriarchats und seiner Männer- und Frauenbilder ist): Die sogenannten »weiblichen Charaktereigenschaften«, mit denen Frauen und Schwule gleichermaßen identifiziert werden, stehen »aus männlicher Sicht« eher für Schwäche sowie für eingeschränkte Lebensfähigkeit. In Romanen des 18. und 19. Jahrhunderts müssen Frauen für Tage das Bett hüten und einen Arzt konsultieren, wenn sie einmal in den Regen geraten sind. Und Männer, die als Schreiber oder Büroangestellte arbeiten, werden häufig als allzu freundliche, unterwürfige Waschlappen dargestellt: Sie sind keine »richtigen« Männer.

Zwar haben sich die Klischees und Rollenerwartungen in den vergangenen 150 Jahren stark verändert, doch während viele Frauen beharrlich gegen Rollenzuschreibungen gekämpft und – nur zum Beispiel – durchgesetzt haben, Hosen tragen zu dürfen, würden es Männer in den Ländern des Westens auch heute kaum wagen, einmal einen Rock zu tragen. Allerdings sahen die meisten Männer auch keinen Bedarf, sich für Änderungen der Geschlechterordnung einzusetzen, waren (und sind) sie doch in dieser Ordnung über die Maßen privilegiert.

Hinzu kommt – bei Homo- wie bei Heterosexuellen gleichermaßen – der verbreitete Glaube, dass die Eigenschaften, die man mit ihnen in Verbindung bringt, keine kulturellen Zuschreibungen seien, sondern Ausdruck der *Natur* der jeweiligen Menschen. Menschen, die bestimmte Rollenzuschreibungen für sich akzeptieren, neigen – wie wir aus der Soziologie wissen – auch dazu, die entsprechenden Wesenseigenschaften an sich selbst zu *erleben*.[6] Und so sind in der Regel auch heterosexuelle Männer überzeugt davon, dass das Etikett »Heterosexualität« keine willkürliche Zuordnung ist, sondern dass sie tatsächlich so *sind*, wie der Begriff glauben machen will.

Für die heterosexuellen Männer ging allerdings der Schuss nach hinten los.* Sie müssen heute ständig unter Beweis stellen,

* Ich rede im Folgenden nur über Männer, weil die angesprochenen Fragen insbesondere mit dem herrschenden Männerbild in unserer Kultur zusammenhängen. Vielleicht wird man sogar sagen können, dass

dass sie »echte Männer« (also keine Homosexuellen) sind: souverän auftreten, Entscheidungen treffen, Richtlinien vorgeben, bestimmen. Vor allem dürfen sie keine Schwäche zeigen. Doch das ist keine Rolle, die ein Mensch auf Dauer durchhalten kann. Niemand ist immer stark, immer selbstsicher, niemand hat immer alles im Griff. Jeder hat bisweilen Sorgen, Zweifel, fühlt sich unsicher, ist niedergeschlagen usw. Immer aber lauert dann der Verdacht, dass jemand kein »richtiger Mann« sein könnte. Die Erfindung der Homosexualität hat somit auch den Heterosexuellen das Leben vergällt. Auf der einen Seite steht der Glaube, dass ihre Heterosexualität eine Naturtatsache sei, auf der anderen die Furcht, dennoch nicht männlich genug, also vielleicht nicht richtig heterosexuell zu sein.

Viele heterosexuelle Männer glauben deshalb, ihre Männlichkeit besonders betonen zu müssen. Sie vermeiden sorgsam jedes »unmännliche« Verhalten, sprechen mit kräftiger, tiefer Stimme und entdecken körperliche Stärke als hohen eigenen Wert. Muskelaufbautraining, die »Stählung« des Körpers, Kraftsport sind vielen wichtig. Und sie sprechen nicht gerne über ihre Gefühle – zumal viele ihrer Gefühle Ängste sind: die Angst, zu wenig männlich zu sein, die Angst, für homosexuell gehalten zu werden, die Angst vor Unsicherheit, die Angst zu versagen. Das Klischeebild der heterosexuellen Männlichkeit ist jedenfalls leicht zu erschüttern, da ihm niemand hundertprozentig entspricht. Und so können heterosexuelle Männer im Handumdrehen in Verdacht geraten, homosexuell zu sein. Zwei Beispiele:

1983 wurde in der Bundesrepublik Deutschland ein hochrangiger NATO-General verdächtigt, homosexuell zu sein. Er war unverheiratet, hatte in seinem Haus eine Bibliothek und verbrachte einen guten Teil seiner Freizeit mit dem Lesen von

das Konstrukt der Heterosexualität eher eine Männersache ist, während erotische Gefühle von Frauen für Frauen leichter mit dem weiblichen Rollenbild vereinbar sind. Darüber aber sollten besser Frauen sprechen als ich.

Büchern. Das galt in der Armee als unmännlich. »Richtige« Soldaten lesen nicht, und so kam im NATO-Hauptquartier in Brüssel das Gerücht auf, der General könnte homosexuell sein. Bald meldeten sich Denunzianten, die ihn in der Kölner Schwulenszene gesehen haben wollten. Der Verteidigungsminister entließ den General, weil er ihn wegen seiner Sexualität für erpressbar und daher für ein Sicherheitsrisiko hielt. Wenig später musste er ihn aber wieder einstellen, weil alle Anschuldigungen sich als haltlos erwiesen hatten.[7]

Zweites Beispiel: In den Vereinigten Staaten ist es in manchen Gegenden nicht ratsam, ein rosa Hemd oder gar einen rosa Pulli zu tragen. Es könnte Gewalt auf der Straße auslösen, den Freundeskreis gefährden und zum Verlust des Arbeitsplatzes führen. Offenbar sitzt die Verunsicherung bei vielen heterosexuellen Männern so tief, dass sie aggressiv werden, wenn jemand sich nicht an diesen *dress code* hält. »Real men don't wear pink«, heißt es. Natürlich weil das als homosexuell gilt. Auch hier geht es also darum, was »echte Männer« tun dürfen und was nicht. Und um die Sorge, dass man selbst als schwul angesehen werden könnte – was für manche anscheinend die Katastrophe schlechthin wäre. Tatsächlich hat es in den USA sogar Bürgerinitiativen gegeben, die für das Recht heterosexueller Männer kämpfen, rosa Kleidung zu tragen, ohne als schwul verdächtigt zu werden …

Nun mögen die in den Beispielen genannten Probleme relativ harmlos sein, doch zeigen sie, dass Heterosexualität mitnichten das neutrale Gegenstück zur diskriminierten Homosexualität ist. Insbesondere für Männer bedeutet der Glaube, heterosexuell zu sein, lebenslang unter Beweisdruck zu stehen, lebenslang eine Rolle eher zu *spielen* als auszufüllen. Das Gespenst der Homosexualität (oder die Angst vor entsprechenden Verdächtigungen) hat starken Einfluss auf alle – unabhängig von ihren tatsächlichen sexuellen Vorlieben: auf das Selbstverständnis, auf die Art, sich zu kleiden, auf das Sexleben, auf die Bücher, die man liest, die Filme, die man anschaut, kurz: auf das ganze Leben in unserer Kultur.

Was aber, wenn diese Männer sich ihrer Gefühle tatsächlich nicht mehr sicher sind? Was, wenn sie plötzlich – kurzzeitig oder länger anhaltend – erotische Gefühle für andere Männer verspüren? Wie wir bei Sigmund Freud erfahren konnten, erleben alle irgendwann in ihrem Leben, seltener oder häufiger, bewusst oder unbewusst, sexuelle Empfindungen für das gleiche Geschlecht. Die meisten lernen in ihrem Leben, diese Empfindungen zu verdrängen und nichts davon mehr wahrzunehmen. Doch was geschieht mit Männern, bei denen die Verdrängung einmal nicht gelingt? Falls sie glauben, dass es nur das Eine oder das Andere gibt, werden sie wahrscheinlich ziemlich nervös. Sie werden sich fragen: Was passiert da mit mir? Was bedeuten diese Gefühle? Werden sie mein Leben, meine Ehe, meine Welt zerstören? Werden sie wieder verschwinden? Bin ich homosexuell?

Der US-amerikanische Talmudforscher und Queer-Theoretiker Daniel Boyarin spricht in diesem Zusammenhang von der »homosexuellen Panik«[8]. Es ist die Panik, dass die Lüste Amok laufen und die eigenen Lebenskonstruktionen über den Haufen werfen könnten. Wenn es dann nicht gelingt, diese Lüste ins persönliche Leben zu integrieren, können sie zu wirklicher Homophobie werden.

3. *Homophobie*

Homophobie kann viele Formen annehmen. Sie kann rein innerlich wirken, sie kann sich in Angst vor Berührungen mit Menschen des gleichen Geschlechts ausdrücken, sie kann aber auch aggressiv, gewalttätig und mörderisch werden. Sie ist im Grunde *keine* Angst vor Schwulen oder Lesben, sondern eine Angst vor gleichgeschlechtlichen Wünschen, die man selbst hat, aber fürchtet. Wären diese Wünsche nur eine Sache der »Anderen«, wären sie gelassener zu ertragen. »In genau diesem Sinne ist Homophobie ein Produkt der modernen Kultur der Heterosexualität«[9], schreibt Daniel Boyarin und macht damit deutlich: Homophobie ist die Angst vor den eigenen sexuellen Wünschen, die es gemäß dem Konstrukt der Heterosexualität nicht geben darf, aber trotzdem gibt. Es ist die Angst vor dem Zusammenbrechen der eigenen Lebenskonstruktionen.

Warum werden Schwule und Lesben dennoch zur Zielscheibe von Aggression und Gewalt? Hier greift ein psychologischer Mechanismus, der sich nicht in erster Linie auf das bezieht, was Lesben und Schwule sexuell tun, sondern darauf, dass sie sich mit ihrem Auftreten in der Öffentlichkeit eine Freiheit nehmen, die die homophoben Personen sich selbst nicht zugestehen können. Offen auftretende, Händchen haltende, einander küssende Lesben oder Schwule konfrontieren homophobe Menschen mit ihren eigenen Ängsten und Lebenslügen (die sie sich nicht eingestehen können). Auf dem Spiel steht ihre Identität, ihr Vertrauen, dass die Welt so ist, wie sie immer dachten. Zudem sehen sie an den Anderen, dass ihr eigenes Leben lustvoller, liebevoller, verspielter, freier sein könnte. Und das kann wütend machen. Die Wut speist sich aus den eigenen Widersprüchen, aber sie richtet sich gegen jene, die sie damit konfrontieren.

Deshalb ist es eine oft gehörte homophobe Forderung, Schwule und Lesben sollten sich doch bitte mit ihren Vorlieben auf ihre privaten Räume beschränken und auf die öffentliche »Zurschaustellung« verzichten. Das Problem homophober Menschen ist offensichtlich die Konfrontation mit der Freiheit der Anderen. (Öffentlichkeit soll es nur für die kulturelle Institution der Heterosexualität geben – von lautstarken Junggesellenabschieden, sichtbaren Trauringen, rauschenden Hochzeitsfesten bis hin zum Läuten der Kirchenglocken bei der Trauung –, nicht aber für gleichgeschlechtliche Paare.)

Und so führt die Homophobie manche Betroffenen an die Ränder der Kundgebungen von Schwulen und Lesben, um die Leute dort zu beschimpfen und anzuspucken. Auch die Teilnahme an Demonstrationen gegen die »Ehe für alle« ist aktiv gelebte Homophobie, verbunden mit dem Nebeneffekt, dass man damit jeden Verdacht, selbst »so« zu sein, weit von sich weisen kann. Manche gehen so weit, dass sie Schwule und Lesben (und Trans-Personen) auf der Straße verprügeln oder umbringen. Offenbar können die eigenen Empfindungen, an die man durch Schwule und Lesben erinnert wird, für manche so unerträglich sein, dass sie diejenigen, die ihre Lüste nicht verbergen, am liebsten auslöschen möchten.

Es mögen nur Minderheiten sein, bei denen die Unfähigkeit zum Umgang mit den eigenen gleichgeschlechtlichen Gefühlen in offene Aggression umschlägt, aber harmlos sind die homophoben Straftaten und Gewaltakte keineswegs. Die Fallzahlen steigen.[10]

Dabei wäre all das nicht notwendig. Lebten wir heute nicht nach den Kategorien von Heterosexualität und Homosexualität, in die niemand so richtig hineinpasst, sondern nach der Erkenntnis Freuds, dass es unmöglich ist, »die Homosexuellen als eine besonders geartete Gruppe von den anderen Menschen abzutrennen«[11], könnten wir längst besser mit all unseren Gefühlen und Wünschen leben, und die homophobe Angst, eigentlich auf die andere Seite des Zauns zu gehören, könnte sich überwinden lassen: weil es in Wahrheit einen solchen Zaun nicht gibt.

Einstweilen aber hält der Sexualwissenschaftler Volkmar Sigusch (1940–2023) bitter fest: »Der Haß der Normalen auf die Homosexuellen ist unabstellbar wie die Angst vor ihnen, solange beide für die Heterosexualität konstitutiv und dazu noch weitgehend dem Bewußtein entzogen sind. Solange es Hetero- und Homosexualität als abgezirkelte gesellschaftliche Sexualformen gibt, so lange wird das so sein.«[12]

4. Die Bewegung der Schwulen und Lesben

Auch die neue Schwulen- und Lesbenbewegung, die in den 1960er- und 1970er-Jahren aufkam, ist mehrheitlich in der Dichotomie von Hetero- und Homosexualität steckengeblieben und hält die Zweiteilung der Welt für natürlich. Das hat mehrere Gründe.

Erstens: Wie die Soziologin Mary McIntosh schon in den frühesten Zeiten der Bewegung erstaunt feststellte, haben viele gleichgeschlechtlich Begehrende selbst die Tendenz, die diskriminierende Zuschreibung von Homosexualität als Wesens- oder Charaktermerkmal zu »begrüßen und unterstützen«. Sie erklärte es sich damit, dass auf diese Weise »das Element der beklommenen Wahl« beseitigt werde. Wer glaube, homosexuell geboren zu sein, stehe nicht vor dieser Wahl: »Sie [die Homosexualität als Wesensmerkmal] scheint das abweichende Verhalten des Homosexuellen zu rechtfertigen, da dieses für ihn als Angehörigen der homosexuellen Kategorie logisch sei. Das abweichende Verhalten kann somit als legitim angesehen werden, und er kann es fortsetzen, ohne die Normen der Gesellschaft abzulehnen.«[13] Mit anderen Worten: Wenn es sich beim gleichgeschlechtlichen Begehren um eine angeborene, unveränderliche Eigenschaft handelte, dann wäre es etwas, für das man »nichts kann«, für das man sich also nicht schuldig fühlen muss – nicht aber ein Verhalten, das man vertreten müsste. Deshalb sei das für manche eine durchaus willkommene Vorstellung.

Eine verbreitete Variante dieser Denkfigur ist bei christlichen Lesben und Schwulen der Gedanke, von Gott homosexuell *geschaffen* worden zu sein. Oft ist hier von der Homosexualität als einer »Schöpfungsvariante« die Rede. Auf diese Weise wird aus einer Erfindung des 19. Jahrhunderts ein Teil der Schöpfung Gottes. Sie kann dann nicht mehr auf ihre diskriminierenden Gehalte hin untersucht und muss als Gottesgeschenk hingenommen werden. Ob auf diese Weise Schuldgefühle wirklich ausgehebelt oder erst recht unbearbeitbar werden, steht dahin. Dass die Bibel dieser Art Religiosität nicht ihre Hand reicht, war weiter oben zu sehen.

Zweitens war historisches Wissen über die verschiedenen Formen und Konzepte des gleichgeschlechtlichen Begehrens in den frühen 1970er-Jahren noch kaum vorhanden. So war es nur den wenigsten schwulen und lesbischen Aktivisten klar, dass die Konstruktion der gleichgeschlechtlich Begehrenden als einer anderen Menschenart von ihren erbittertsten Feinden (wie z. B. Petrus Damiani) kam, um sie theologisch zu Sündern zu erklären und gesellschaftlich auszugrenzen. Viele Aktivisten sahen in den Begriffen der »Sodomie« und der »Homosexualität« keine Diskriminierung, sondern objektive *Tatsachen*, die man lediglich von ihrer diskriminierenden *Bewertung* befreien müsse.

Und *drittens* spielte es eine Rolle, dass die neue Bewegung eine starke Gruppenidentität suchte, um politisch schlagkräftig zu sein. Sie vollzog den Bruch mit dem Bild der versteckt lebenden, ängstlichen Homosexuellen und ersetzte es durch Bilder vom »schwulen Mann« und der »lesbischen Frau«, die selbstbewusst für ihre Rechte eintreten: gewiss ein stilisiertes Bild, aber auf diese Weise entstand eine »gay identity« auf der Grundlage einer allen Schwulen und Lesben gemeinsamen »sexuellen Orientierung«.[14]

Mit Alfred Kinseys Erkenntnis, dass die wirkliche Welt sich nicht »in schwarze und weiße Schafe aufteilen«[15] lasse, konnte die Bewegung nichts anfangen. Sie brauchte klare Fronten, um kraftvoll in die gesellschaftlichen Auseinandersetzungen eintreten zu können. Kinseys Abschaffung des »Homosexuellen« galt vielen deshalb als unbrauchbar, ja reaktionär, weil sie es nicht erlaubte, gleichgeschlechtliches sexuelles Verhalten exklusiv einer klar definierten kämpferischen Gemeinschaft zuzuschreiben.[16]

Aufgrund dieser Strategie entstammten die neuen *gays* und *lesbians*, die nun ihre Identität entwickelten, größtenteils der Minderheit der »ausschließlich Homosexuellen« auf der Stufe 6 der Kinsey-Skala. Alle anderen mit weniger ausschließlichen gleichgeschlechtlichen sexuellen Erfahrungen blieben außen vor. Der Bewegung ging es um Freiheit für Schwule und Lesben, nicht um das Recht auf sexuellen Ausdruck gleich welcher Art. Bisexuelle schmähte man oft als Feiglinge, die nicht den Mut hätten, sich eindeutig zu ihrer Homosexualität zu bekennen.

Politisch-strategisch hatte diese Formierung als Minderheit eine zweckdienliche Dynamik, wie Erwin Haeberle schreibt:

Zunächst einmal führte das Postulat einer »schwulen bzw. lesbischen Identität« zu einer für die Schwulenbewegung nützlichen Dichotomisierung. Man gehörte entweder dazu oder nicht. Entweder war man schwul oder nicht, und wenn man es war, selbst nur im Geheimen, so hatte man die Pflicht, durch offenes Hervortreten, durch Bekenntnis zum Schwulsein die Reihen der diskriminierten Brüder und Schwestern zu stärken.[17]

Tatsächlich wuchs die neue Bewegung schnell und konnte sich bald allerhand Erfolge auf die Fahnen schreiben: Sie wurde öffentlich wahrnehmbar; durch die Präsenz selbstbewusster und eloquenter Vertreter wurden ihre Anliegen bekannter; in vielen Ländern kam es zur Abschaffung diskriminierender Regelungen und schließlich zur Öffnung der Ehe auch für gleichgeschlechtliche Paare.[18]

Insofern war die schwule oder lesbische Identität politisch nützlich; Foucault betont sogar: »sie ist *sehr* nützlich gewesen«, doch er fügt sogleich hinzu: »aber es ist eine Identität, die uns auch begrenzt«[19]. Sie begrenzt die Menschen dadurch, dass sie sie auf bestimmte Bilder festlegt, dass sie danach fragt, was in ihnen *angelegt* ist – wie eine verborgene Wahrheit, die nur entdeckt oder befreit werden müsste.

Die Vorstellung, dass das, was unsere Identität ausmacht, immer schon in uns vorhanden ist, ist ebenfalls ein Erbe des 19. Jahrhunderts. Und dieses schreibt uns fest auf unsere Vergangenheit, auf unsere genetische Ausstattung, auf unsere Herkunft. Das Motto »Werde, der du bist!«, das Friedrich Nietzsche (1844–1900) immer wieder anführt, bringt dieses Denken präzise auf den Punkt: Man ist eigentlich immer schon, was man jemals werden könnte. Dass Identität auch offen sein könnte für zukünftige Erfahrungen und Veränderungen, dass man auch etwas werden könnte, was man noch nicht ist, gehörte nicht zu den Perspektiven jener Zeit.

Auf die schwule oder lesbische Identität bezogen, bedeutet das, dass sie noch immer von der Idee der veranlagungsbedingten Homosexualität gespeist ist. Zwar versuchte man in der Frühphase der Bewegung, die Bezeichnung Homosexualität loszuwerden, indem man die eigentlich ebenfalls diskriminierenden Ausdrücke »schwul« und »lesbisch« mit einer Portion Stolz als Eigenbezeichnungen aufnahm und – eine Weile durchaus erfolgreich – sich bemühte, ihnen eine neue, positive Bedeutung zu geben. Aber in der Bewegung (außer bei einigen Intellektuellen) hat es nie einen wirklichen Bruch mit dem *Konzept* der Homosexualität gegeben, weshalb die Ausdrücke »schwul« und »lesbisch« meist eher als Synonyme für den alten Begriff verstanden wurden, aber nicht als etwas wirklich Neues.

So gab es in der Bewegung der Lesben und Schwulen neben dem Kampf um gleiche Rechte immer auch die Idee der Identität – mit schwerwiegenden Konsequenzen. Während der Kampf um Menschen- und Bürgerrechte von einer grundsätzlichen *Gleichheit* aller Menschen ausging, wurzelte das identitäre Denken auf der Vorstellung der grundsätzlichen *Andersheit* der Lesben und Schwulen.[20] Letzteres machte aus ihnen eine »sexuelle Minderheit« und brachte die defensive Forderung nach Toleranz, Akzeptanz oder Anerkennung des eigenen Andersseins hervor. Weil man war, wie man war (und »nichts dafür konnte«), forderte man ein Okay für das eigene »So-Sein«. Das war eine andere Denkfigur als diejenige, die die Freiheit *jedes* sexuellen Ausdrucks für *alle* Menschen forderte. Und das machte die gesellschaftliche Mehrheit zur entscheidenden Instanz, die dieses Okay gewähren oder verweigern konnte.

Heute sind sich in den wohlhabenden westlichen Ländern Mehrheitsgesellschaft und Bewegung weitgehend einig über das grundlegende Anderssein der Homosexuellen (während der Gleichheitsgedanke vielerorts aus dem Blick geraten ist). Diese Einigkeit erzeugte eine Art Frieden zwischen Mehrheit und Minderheit. Schwule und Lesben bezahlen dafür mit der

Einwilligung in die fortwährende Selbstdiskriminierung als wesensmäßig Andere, und machen der Mehrheit das Geschenk, unhinterfragt heterosexuell sein zu dürfen. Die Zäune zwischen den Menschensorten werden nicht eingerissen. Die Wurzeln der Homophobie im binären Denken werden nicht beseitigt, sondern konserviert. Die Mehrheitsgesellschaft revanchiert sich dafür mit der Zustimmung zur Aufhebung diskriminierender Gesetze und mit Geld für Anti-Gewalt-Projekte, die die zunehmende Gewalt gegen Schwule und Lesben sowie Transmenschen thematisieren, aber nicht eindämmen können.[21]

Hier stehen wir heute: Man begegnet einander wohlwollend, offen, tolerant. Aber die »Homosexuellen«, auf die die Mehrheit tolerant reagiert, existieren gar nicht. Es sind nur Klischeebilder von Minderheiten, die bitteschön anders sein sollen als man selbst und denen man – oft genug herablassend – mit einem amüsierten Lächeln begegnet. Solange die Anderen anders bleiben, kann die Mehrheit tolerant sein und muss sich selbst nicht in Frage stellen.

Hier könnte die Bewegung der Schwulen und Lesben kritischer und offensiver werden. Sie hätte die historische Aufgabe, die zerstörerische Aufspaltung der Menschheit in Mehrheiten und Minderheiten immer neu zu thematisieren, über die sexualwissenschaftlichen und soziologischen Erkenntnisse der Nicht-Teilbarkeit des menschlichen Begehrens zu informieren, die trennenden Zäune niederzureißen, diskriminierende Zuschreibungen von Hetero- und Homosexualität zu brandmarken und die Geschichte der (psychiatrischen, medizinischen, theologischen) Gewalt, die die gleichgeschlechtlich Begehrenden zu einer anderen Menschenart gemacht hat, ins allgemeine Bewusstsein zu heben. Aktivisten wie Mary McIntosh und Guy Hocquenghem sind auf diesem Weg ein gutes Stück vorausgegangen; lesbische und schwule Historiker könnten mit ihren Entdeckungen zu einem kritischeren Selbstbewusstsein der Bewegung beitragen.

In dieser Richtung zu arbeiten wäre nicht nur ein veritabler Beitrag zur allmählichen Auflösung der Mechanismen der Homophobie, sondern auch zur Befreiung von herrschenden Klischeebildern, die die wirklichen Erfahrungen der Menschen überformen und verhindern, dass die Menschheiten auf beiden Seiten des Zauns sich selbst und einander wirklich kennenlernen. (Was es für die Liebesfähigkeit der Menschen bedeutet, wenn sie sich und andere als Sorten wahrnehmen, wäre eine ernste Frage, die einmal kompetent untersucht werden müsste.)

Die schöne neue Toleranzwelt, die Menschen freundlich lächelnd zu Heterosexuellen und Homosexuellen erklärt, ist jedenfalls kein guter Ort für Menschen aller Art. Denn in Wahrheit passt niemand so recht in diese abstrakten Kategorien; alle müssen sich stilisieren, zurechtschneiden, anpassen, müssen widerstreitende Gefühle verdrängen, können nicht einfach alle ihre Wünsche und Vorlieben wahrnehmen.

5. *Wie weiter?*

Gibt es einen Weg aus der Hölle der dieser Kategorien? Und wie müsste er aussehen? Anders gefragt: Wie kann die menschliche Sexualität besser verstanden werden, wenn man sie nicht bloß als Programm der Evolution zur Weitergabe der Erbanlagen (mit gelegentlichen Irrläufern) sieht?

Ein Modell der menschlichen Sexualität, das Konsequenzen aus der Kritik an der biologistischen Sicht zieht, ist das der deutschen Psychoanalytikerin Ilka Quindeau. Soweit ich sehe, bietet es die bislang differenzierteste und genaueste Auseinandersetzung auf dem gegenwärtigen Stand der Wissenschaft. Deshalb empfiehlt es sich, einen Blick auf Quindeaus Verständnis der Entwicklung des Sexuellen zu werfen.

Quindeau geht davon aus, dass ein »genuin menschliches« Verständnis von Sexualität »weder auf ein angeborenes biologisches Programm noch eine biologische Funktion zu reduzieren ist«[22]. Die menschliche Sexualität ist weder fertig und unveränderlich in den Menschen angelegt noch rein fortpflanzungsorientiert. Ihre Formen sind so vielfältig, wie sie nur sein können; sie richten sich auf die unterschiedlichsten Objekte, haben weitaus mehr Ziele als die Vermehrung der Art und sind in stetigem Wandel begriffen.

Nimmt man diesen Eindruck aus mittlerweile unzähligen Erhebungen, Studien und Einzelanalysen ernst, dann ist die Vielfalt und Wandelbarkeit der Sexualität nicht mehr zu erklären »als etwas, das dem Körper ›von Natur aus‹ anhaftet und sich in Reifungsprozessen lediglich entfaltet«; vielmehr muss ein anderes Moment eine entscheidende Rolle spielen, nämlich die »leibliche Einschreibung lustvoller Erfahrungen«[23]. Mit anderen Worten: Die sexuelle Lust ist nicht angeboren, sondern entsteht aus der Interaktion mit anderen Menschen: durch Berührungen, durch körperliche Befriedigungserfahrungen – von Beginn des Lebens an.

Ein wichtiger Anhaltspunkt dafür ist die Entwicklung der erogenen Zonen des menschlichen Körpers, mit der sich Sigmund Freud bereits ausführlich befasst hat.[24] So sind beispielsweise Mund und Lippen nicht von Anfang an erogen, sondern werden erst beim Saugen des Kindes an der Brust der Mutter zu Bereichen der Lustempfindung. Und zwar dadurch, dass am Ende des Nahrungswunsches ein Befriedigungserlebnis steht. Dieses ergibt sich aus der Interaktion mit der stillenden Mutter. Quindeau folgert: »Die Erfahrung von Befriedigung bildet den kindlichen sexuellen Körper, sie stattet ihn mit einer spezifischen Reizbarkeit oder Erregbarkeit aus.«[25]

Dies aber, so hält Quindeau fest, »gilt selbstverständlich nicht nur für das Stillen, sondern für alle körperlichen Berührungen zwischen einem/r Erwachsenen und einem Kind, beim Wickeln und Baden ebenso wie beim Spielen oder Schmusen.«[26] Weil solche Interaktionen aber je nach den beteiligten Personen unterschiedlich ausfallen können, prägen sich auch die erogenen Zonen von Mensch zu Mensch unterschiedlich aus. Mund und Lippen sind für die allermeisten Menschen erogen, weil die erste Nahrungsaufnahme in ihrem Leben im Saugen besteht, doch das Lustempfinden an anderen Körperbereichen ist stark abhängig von den jeweiligen frühen Erfahrungen, die mit ihnen in Verbindung stehen. Die erogenen Zonen der Erwachsenen sind demzufolge »Spuren der Erinnerung an frühere Befriedigungserlebnisse, die in den Körper eingeschrieben sind«[27].

Dies zeigt, dass die Lustempfindung »nicht primär an der Körperstelle haftet, also nicht von der genetischen Ausstattung des Körpers ausgeht, sondern durch das Einwirken einer anderen Person erst entsteht«[28]. Im Anschluss an den französischen Psychoanalytiker Jean Laplanche (1924–2012) spricht Quindeau hier vom »Primat des Anderen« bei der Entstehung der Sexualität.[29] Das heißt, die Entwicklung des Sexuellen ist nicht vom einzelnen Subjekt aus zu denken, sondern als Beziehungsgeschehen, als Kommunikation aus Anrede und Angesprochenwerden.[30]

Solche frühen Lusterfahrungen wirken dann weiter in Erinnerungen und Phantasien, die nicht unbedingt von sinnlicher Wahrnehmung abhängig sind. »Das macht die sexuelle Erregung zu einem hochkomplexen, vielschichtigen psychischen Geschehen, das nicht in mechanisch-technischer Weise durch bestimmte Reize aktiviert werden kann.«[31]

Zugleich aber wird sexuelles Begehren nicht einfach aus frühkindlichen Erfahrungen reproduziert, sondern in den unterschiedlichsten Lebenssituationen und Lebensaltern immer wieder neu ausgeformt und *umgeschrieben*, wie Quindeau mit Bezug auf Freud festhält.[32] Es handelt sich um einen lebendigen Prozess, in dem auch Verdrängtes lustvoll freigelegt werden kann und Menschen wieder in Kontakt kommen mit lange verschütteten anderen Erfahrungen. Als einfaches Beispiel dafür mag dienen, dass Menschen einander küssen und dabei Lust empfinden: Das wäre nicht denkbar ohne die frühe Befriedigungserfahrung mit der Mutter bei der Nahrungsaufnahme. Zugleich ist klar, dass die ursprüngliche Befriedigungserfahrung keineswegs mit der Lust des Küssens identisch ist, sondern *umgeschrieben* wurde.

Auch in der Ausdifferenzierung des Begehrens in hetero-, homo- und bisexuelle Präferenzen sieht Quindeau eine Form der Umschrift lebensgeschichtlicher Erfahrungen. Allerdings lassen sich die entsprechenden Umschriftprozesse nicht auf bestimmte Gesetzmäßigkeiten herunterbrechen. Hinsichtlich der Entstehung der Homosexualität hält Quindeau fest,

dass trotz der vielfältigen Forschungen bislang keine allgemein anerkannte Genese der Homosexualität erarbeitet werden konnte. Weder wurde ein »rosa Gen« gefunden, noch konnte die sexuelle Orientierung auf eine einheitliche Psychodynamik oder bestimmte Beziehungskonstellationen in der Lebensgeschichte zurückgeführt werden. Und das ist auch gut so, nicht zuletzt, weil daran deutlich wird, dass sich menschliches Erleben und Verhalten in vielen Bereichen der Vorhersagbarkeit und damit auch der Normierbarkeit entzieht.[33]

Das sexuelle Begehren der Menschen lässt sich nicht vorhersagen – und es gibt auch keine Norm dafür. Viele Autoren gehen heute von der grundlegenden Bisexualität aller Menschen aus.[34] Und das gilt in dreifacher Hinsicht: erstens für die körperlichen Anlagen, zweitens für die Selbstwahrnehmung als weiblich-männlich und drittens für die in Frage kommenden Sexualobjekte. Das heißt: Vor der geschlechtlichen Ausdifferenzierung im Embryonalstadium sind die Menschen gleichermaßen mit allen männlichen und weiblichen Merkmalen ausgestattet. Und vor der Wahrnehmung von Geschlechtsunterschieden (im Alter von ca. 18 Monaten) identifiziert sich das Kind unterschiedslos mit *beiden* Elternteilen sowie anderen Personen seines Umfelds.[35] Diese Identifizierungen sind bleibend in den Körper eingeschrieben. Danach bilden viele (nicht alle) Kinder eine eindeutig weibliche oder männliche Geschlechtsidentität aus, bei der die jeweils anderen geschlechtlichen Anteile verdrängt werden. »Sie verschwinden damit allerdings nicht einfach aus der psychischen Struktur, sondern bestehen im Unbewussten weiter und sind von dort aus wirksam, d. h. sie beeinflussen das Erleben und Handeln.«[36]

Demnach besitzen *alle* Menschen sowohl männliche als auch weibliche Anteile, Identifizierungen und Befriedigungsformen.

Bei allen Männern und Frauen sind sowohl phallische wie rezeptive, passive wie aktive Momente vorhanden. Was die Wahl möglicher »Sexualobjekte« betrifft, ist die Ausgangslage, wie Freud schrieb, »die gleich freie Verfügung über männliche und weibliche Objekte«[37]. Wie die Präferenzen dann im Einzelnen ausfallen, welche früher verdrängten Anteile im Laufe der Persönlichkeitsentwicklung wieder hervortreten und neue Lüste ermöglichen, kann weder vorhergesehen noch gewertet werden und ist durch immer mögliche Umschriften auch nicht endgültig. Auch neueren empirischen Forschungen zufolge steht die sexuelle Orientierung nicht bei allen Menschen ein für alle Mal fest.[38]

Mir scheint, dass mit diesem Modell viel erreicht ist: Es überwindet die Sicht der Sexualität als einer evolutionsbiologischen Funktion. Es teilt die Menschen nicht abstrakt in Gruppen von gleichgeschlechtlich und verschiedengeschlechtlich Begehrenden ein (die Unterscheidung erscheint nicht einmal mehr sinnvoll)[39], sondern hat einen genauen Blick für die äußerst vielfältigen, konkreten Formen des menschlichen Begehrens und für die gleichzeitige Einheit des Menschengeschlechts. Es beschreibt die Menschen nicht als separate Individuen, deren Begehren aus ihren Anlagen über sie kommt, sondern als soziale Wesen, die das, was sie ausmacht, aus der Verbindung mit ihren Bezugspersonen empfangen, erleben, hervorbringen und verarbeiten. Die Einschreibung von Lüsten und Befriedigungserfahrungen in den eigenen Körper mitsamt all den folgenden Umschriften ist ein genuiner Teil der Persönlichkeitsentwicklung in der Begegnung zwischen dem Selbst und den Anderen.

Anders ausgedrückt: Das Begehren hat mit dem ganzen Leben zu tun, mit Erfahrungen, Sehnsüchten, mit Berührungen, die angenehm und lustvoll waren und die man wieder erleben will, mit dem Wunsch nach Nähe. Und wie das Leben so spielt, hat man das alles nicht *gemacht*, sondern es *entstand* aus Begegnungen, Widerfahrnissen, guten und bösen Erlebnissen. Wünsche speisen sich aus der ganzen eigenen Geschichte. Sie sind nicht umzupolen – aber sie können sich wandeln. Bei allem aber sind es immer die eigenen Wünsche.

Wir begehren andere Menschen nicht, weil wir es *müssen*, sondern weil wir es *wollen*. Wir lieben ja keineswegs unterschiedslos *alle* Menschen eines bestimmten Geschlechts. Es sind vielmehr einzelne Menschen, die uns anziehen, einige wenige, die uns interessieren, die wir erotisch finden, die als Sexpartner oder für eine Liebesgeschichte oder für ein gemeinsames Leben in Frage kommen. Und natürlich treffen wir dabei eine Wahl, aktiv und ziemlich bewusst (auch wenn wir uns nicht über alle unsere Motive im Klaren sind). Wer nach einer Beziehung sucht, die halten soll, hofft inständig, die »richtige Wahl« zu treffen.

Selbstverständlich ist das keine Wahl, als stünden wir im Supermarkt und hätten uns zwischen mehreren Waren zu entscheiden. Was wir begehren, hat nichts mit einer Konsumentscheidung zu tun, sondern ergibt sich aus allem, was in unsere Körper von Anfang an eingeschrieben wurde und was wir von Erfahrung zu Erfahrung umgeschrieben haben. Dennoch sind es immer *wir selbst*, die begehren, nicht *etwas* in uns.

Ich kann – um ein anderes Beispiel heranzuziehen – auch nicht genau sagen, warum ich eine bestimmte Musik gerne mag, warum ich bestimmte Bücher liebe, warum ich lieber ins Theater gehe als zu Sportveranstaltungen, warum ich lieber Weißwein trinke als Rotwein (früher war es umgekehrt). Ich kann auch nicht einfach beschließen, ab morgen lieber Wagner zu mögen als Bach. Aber es wäre vollkommen abwegig, dafür meine Erbanlagen verantwortlich zu machen. Es kann reizvoll sein, darüber nachzudenken, woher bestimmte Vorlieben kommen, welche Einflüsse vielleicht dahinterstecken – doch die Antwort darauf wird in den meisten Fällen unscharf bleiben. Mit Sicherheit gibt es niemals nur eine einzige Ursache.

In jedem Fall ist alles, was die Menschen bei solchem Nachdenken herausfinden, etwas, das mit ihnen selbst und ihrer persönlichen Geschichte zu tun hat. Was sie wollen, ist *ihr* Wollen. Und dafür sollten sie Respekt erwarten können – nicht

»Verständnis«, »Toleranz« oder »Anerkennung« (ganz zu schweigen von »Mitleid und Takt«, wie der *Katechismus der Katholischen Kirche* im Hinblick auf »die Homosexuellen« einst formulierte). Wenn alle Menschen lebenslang verschiedenen Neigungen folgen, die sich stets ändern können, dann ist es fatal, sie rigide einer von zwei Kategorien zuzuordnen und jeweils unterschiedliche Partnerschaftsregelungen, Rechtsinstitute, Seelsorgemodelle und gottesdienstliche Liturgien für sie zu entwickeln. Die grundlegende Gleichheit aller Menschen wird dadurch immer wieder aufs Neue torpediert.

Das heißt nicht, dass darum keine politischen Forderungen mehr zu stellen wären. Allerdings sollten diese konsequent auf die Gleichheit aller Menschen ausgerichtet sein, auf die ungehinderte Entfaltung der Persönlichkeit, auf freie Wahl, auf gleiche Menschenrechte für alle – nicht auf Minderheitenrechte für irgendwelche »Andersgearteten«. Mary McIntosh und Guy Hocquenghem ging es vor allem darum, gegen die Ausgrenzung von Teilen der Bevölkerung als »Homosexuelle«, gegen deren diskriminierende »Anerkennung« als Minderheit zu kämpfen. Emanzipation begann für sie dort, wo man aufhörte, sich als besondere Gruppe zu definieren und dafür untertänig um Toleranz zu bitten.

Die künstlichen Kategorien »Heterosexualität« und »Homosexualität« müssen überwunden werden, doch das bedeutet nicht, dass Schwule und Lesben wieder unsichtbar werden sollten. Im Gegenteil! Sie müssen jedes Recht haben, ihr Leben so zu leben und so sichtbar zu sein, wie es ihnen gefällt. Sie sollen es nur nicht mehr tun müssen in der Unterwerfung unter die Vorstellung, zu einer *anderen Art von Menschen* zu gehören. Wenn sie nicht mehr als Minderheit in Erscheinung treten müssen – gar als solche, die dem Imperativ »Werde, der du bist« gehorchen –, sondern als Menschen, die einfach ihr Leben leben, dann könnten sie womöglich sogar für alle Übrigen zum Leuchtturm werden in der Finsternis der kategorisierten Sexualität. Der US-amerikanische Historiker John D'Emilio hat es folgendermaßen ausgedrückt:

Unsere Bewegung mag begonnen haben als der Kampf einer »Minderheit«, aber das, was wir jetzt versuchen sollten zu »befreien«, ist ein Aspekt des persönlichen Lebens aller Menschen – den sexuellen Ausdruck […].[40]

Damit könnte sich ein neuer Horizont auftun. Michel Foucault meinte, die Überwindung der überkommenen Kategorien könnte in eine Zukunft führen, in der die Menschen ihr Untertanen-Dasein und ihr Leben nach bürgerlichen Erwartungen endlich hinter sich lassen:

Die Sexualität bildet einen Teil unserer Lebensführung. Sie bildet einen Teil der Freiheit, die wir in dieser Welt genießen. Die Sexualität ist etwas, das wir selbst erschaffen – sie ist unsere eigene Schöpfung, weit mehr als die Entdeckung eines verborgenen Aspekts unseres Begehrens. Wir müssen verstehen, dass sich mit unseren Begierden und durch sie neue Formen von Beziehungen, neue Formen von Liebe und neue Formen von Schöpfung herstellen lassen. Der Sex ist nichts Schicksalhaftes; er ist eine Möglichkeit, Zugang zu einem schöpferischen Leben zu erhalten.[41]

Wie aber, mögen manche fragen, soll man das dann nennen, wenn man Homosexualität und Heterosexualität hinter sich lässt? Natürlich lautet die Gegenfrage: Muss man »es« denn irgendwie benennen, was in den meisten Kulturen der Welt keinen Namen braucht, weil es alle verbindet? Fände man einen neuen Begriff, bestünde nicht die Gefahr, dass dann weiter eine Unterscheidung wirksam bliebe, der nichts in der Wirklichkeit entspricht, die aber die Gräben zwischen den Menschen offenhielte, anstatt sie endlich zuzuschütten? Reicht es nicht, dass die *Menschen*, die wir lieben, einen Namen haben?

Ich habe auf den zurückliegenden Seiten immer wieder von »Lesben« und »Schwulen« gesprochen, wenn ich an die selbstbewussten Aktivisten der letzten fünfzig Jahre dachte. Aber wie gesagt, haben nur wenige Lesben und Schwule den Bruch mit dem Konzept der Homosexualität vollzogen, und so sanken auch diese Ausdrücke letztlich zu Bezeichnungen für andere Menschenarten herab – mit all den Problemen, die sich daraus ergeben.

Wenn überhaupt, dann wäre »queer« sicher der weiterführende Ausdruck. Ursprünglich ebenfalls abwertend gemeint, wurde er bewusst gewählt, um dem Veranlagungsglauben etwas entgegenzusetzen, um endlich aus dem dichotomischen Denken herauszukommen. Leider wurde der Begriff, der Schluss machen sollte mit der Manie des Kategorisierens der Menschen, mittlerweile selbst zu einer Kategorie im LGBT-Konzert. Er bezeichnet jetzt so etwas wie eine weniger klar definierbare Variante im Bereich der sexuellen Minderheiten.

Das war ursprünglich anders. Anfangs ging es um die Weigerung, sich als hetero- oder homosexuell einordnen zu lassen. Im Begriff »queer« schwang ein Bewusstsein mit, dass Menschen einfach nicht kategorisierbar sind. Dass es keine Zäune zwischen den verschiedenen Formen des menschlichen Verlangens gibt. Dass Menschen nicht entweder von »diesem« oder vom »anderen Ufer« sind. Denn vielleicht ist es doch kein Fluss oder Strom, in dem sie sich tummeln (wie Hocquenghem meinte), sondern ein See. Weil ein See nur *ein* Ufer hat. Ein See, in dem alles in Bewegung ist und keine Welle jemals einer anderen gleicht.

Diesen Aspekt hat Daniel Boyarin mit seiner Definition, was Queer-Theorie sein könnte, auf den Punkt gebracht:

Queer-Theorie ist eine Theorie, die anerkennt, dass das menschliche Begehren – d. h. auch das Begehren nach »verschiedengeschlechtlichem Sex« – queer, exzessiv, aber nicht fortpflanzungsorientiert oder natürlich ist. Die Verweigerung der Heteronormativität seitens der Schwulen, Lesben, Bisexuellen und anderen stellt für sie ein privilegiertes, aber nicht exklusives Modell dar.[42]

Das würde ich gern wieder stark machen: *Queer* ist die Weigerung, Normen für das menschliche Begehren anzuerkennen (außer der Norm der Gewaltfreiheit). Queer ist keine weitere

Kategorie. Queer sind alle, die nicht glauben, dass den Kategorien Homosexualität und Heterosexualität eine biologische Wirklichkeit entspricht. Queer sind auch jene, die hauptsächlich Lust auf verschiedengeschlechtlichen Sex haben, ohne sich darum als heterosexuell zu definieren. Queer sind die, die sich den Stress und Horror des binären Denkens nicht antun wollen. Queer sind die, die sich nicht vor ihren Gefühlen und Wünschen fürchten, auch wenn sie ungewohnt oder ungewöhnlich sein mögen. Queer sind die, die nur *eine* Menschheit kennen, nicht Mehrheiten und Minderheiten, nicht verschiedene Sorten.

Viele in den jüngeren Generationen sind auf dem Weg dorthin. Immer weniger von ihnen sehen sich als schwul oder lesbisch oder hetero, immer mehr als queer. Darin liegt eine Hoffnung. Wenn es keine neue Kategorie ist.

Das bedeutet übrigens nicht, dass früheres Unrecht in froher Erwartung einer besseren Zukunft vergessen werden darf. Im Gegenteil: Vom Wissen um die eine, unteilbare Menschheit sollte bald noch schärferes Licht fallen auf all jene, die uns die Zweiteilung der Welt in Homo- und Heterosexuelle eingeredet haben: auf die damit in Verbindung stehenden Untaten der Biologie, Medizin, Politik, Philosophie und Theologie. Die vielen Jahrhunderte der Verfolgungen und der Morde sind noch weitgehend unaufgearbeitet, sollten es aber nicht länger bleiben. Wer queer sein möchte, sollte diejenigen nicht vergessen, die es nicht sein durften.

Heute können sich alle von den Zuschreibungen früherer Zeiten verabschieden – auch wenn es nicht schon über Nacht gelingen mag: Alle können lernen, ihren Gefühlen mehr zu trauen. Die Homophobie wird erst verschwinden, wenn wir aufhören, an Homosexualität und Heterosexualität zu glauben. Wenn wir die schrecklichen Erfindungen des 19. Jahrhunderts endlich hinter uns lassen. Die Angst kann sich auflösen, wenn wir wissen, dass unser Sex weder eine biologische Funktion noch ein Defekt ist, sondern ein lustvolles, gewaltfreies, zärtliches Miteinander – die vielleicht höchste Form geistig-körperlicher Kommunikation zwischen Menschen.

Hierin sind wir alle gleich.
Und hierin sind wir immer auch anders als alle anderen.
(Aber nur, wenn beide Sätze gelten.)

VII Aufbrechen

> Nehmt nichts mit auf den Weg, keinen Wanderstab und keine Vorratstasche, kein Brot, kein Geld und kein zweites Hemd!
> *Evangelium nach Lukas 9,3*

Wenn »Homosexualität« eine Erfindung des 19. Jahrhunderts ist, die den Erkenntnissen der Gegenwart über humane Sexualität nicht gerecht wird, wenn »Sodomie« eine diabolische Erfindung des Mittelalters ist und wenn wir heute nicht mehr seriös behaupten können, dass »die Bibel« Sex und Liebe zwischen Menschen des gleichen Geschlechts verurteilt – ist dann die Sache für die christliche Theologie erledigt? Oder könnte sie noch einen Beitrag leisten, um gleichgeschlechtliche sexuelle Beziehungen in ein Licht zu stellen, in dem das Leben der Menschen mehr ist als eine Reihe von Handlungen zwischen den Polen »verboten« und »erlaubt«? Könnte es eine Theologie geben, die ernsthafter und aufrichtiger ist als die traditionellen Verweise auf falsch interpretierte biblische Texte? Und könnte es einen Glauben geben, der tiefer reicht als der Glaube an ein Konstrukt wie das der »Homosexualität«, das nur verschiedene Arten von entfremdeten Menschen und viel Unglück und Angst hervorbringt?

Gehen wir noch einmal aus von der Beobachtung Sigmund Freuds, dass alle Menschen zu erotischen Gefühlen gegenüber Menschen aller Geschlechter fähig sind, von seiner Auffassung, dass es unter den Menschen keine unterscheidbaren Gruppen von Heterosexuellen und Homosexuellen gebe.

Freud gelangte zu seinen Erkenntnissen, indem er sich die Geschichten seiner Klienten anhörte. Dabei lernte er im Laufe der Zeit, abstrakten Begriffen zu misstrauen, die die individuellen Erfahrungen der Menschen verallgemeinern und sie in nichtssagende Schubladen stecken. Für ihn gab es nur *eine* »Schublade«: die Menschheit. Er schwankte in seinem Urteil darüber, ob alle Arten von Sexualität in dieser Schublade gesund waren, aber er wusste: Diese Unterschiede unter den Menschen machen aus ihnen keine Angehörigen verschiedener Menschenarten.

Freud glaubte nicht an einen Gott; aber er war tief verwurzelt in der Gedankenwelt des Judentums und kannte sich bestens darin aus. Er hatte auch einen Glauben, nämlich den an die Gleichheit aller Menschen, an den Humanismus. Und dieser Glaube ist durchaus verwandt mit einer der zentralen Ideen von Judentum, Christentum und Islam: mit der Idee, dass alle Menschen einen gemeinsamen Ursprung haben. Die biblische Erzählung von der Erschaffung der Welt bringt genau diese Idee zum Ausdruck: dass alle Menschen von Gott geschaffen und deshalb *gleich* sind – zugleich aber auch unterschiedlich, »männlich« und »weiblich« (nicht »Mann und Frau«, wie manche Übersetzungen von Genesis 1,27 irreführend behaupten).

Diese Erzählung ist die Antwort auf eine Erfahrung, die die meisten Menschen auf dieser Erde kennen: dass das Leben kurz, aber chaotisch ist, dass man alles, was man sich aufbaut, von einem Tag auf den anderen wieder verlieren kann, dass die natürliche Umwelt uns nähren, aber auch vernichten kann, dass unsere Mitmenschen uns helfen, uns aber auch töten können, dass wir bei allem, was wir tun, mit entgegengesetzten Interessen anderer Menschen rechnen müssen. Ein unübersichtliches, komplexes Chaos.

Manche Religionen und Weltanschauungen reagieren darauf, indem sie diese Komplexität reduzieren mittels der Behauptung, dass es Gute und Böse gibt, Gerechte und Sünder, Freunde und Feinde, dass es am besten ist, wenn alle auf ihrem vorbestimmten Platz bleiben, dass Männer Frauen heiraten sollen und Frauen Männer. Schon ist die Welt ein bisschen geordneter, ein bisschen weniger bedrohlich.

Natürlich wissen alle insgeheim, dass die Welt so nicht ist – sondern uneinheitlicher und unberechenbarer. Manche macht das wütend, aggressiv gegen jene, die aus der Reihe tanzen, die sich nicht in die vorgegebenen Ordnungsmuster einpassen wollen.

Die biblischen Schöpfungserzählungen geben auf diese Chaos-Erfahrung eine andere Antwort (wie vermutlich die unverdorbenen Ursprünge der meisten Religionen). Sie antworten nicht mit einer Einteilung der Welt in Gut und Böse, sondern mit der Vorstellung, dass *alles* von einem Gott geschaffen und gewollt ist: dass also die Menschen in all ihrer Verschiedenheit gleich (und nicht nur gleichberechtigt) sind. Dass es nichts hilft, andere zu »Kindern des Teufels« zu erklären, sondern dass man nur versuchen kann, respektvoll mit allen Menschen im Bemühen um Gerechtigkeit zu leben.

Die Gleichheit aller ist in meinen Augen ein wesentlicher Ausgangspunkt für alles theologische Nachdenken über die Menschen und das, was sie mit ihrem Leben anstellen: Menschen sind Menschen; es gibt keine unterschiedlichen Sorten, »Rassen« und Veranlagungen, keine Guten und Bösen von Natur aus. Die zentrale Gottesvorstellung Israels geht aber noch einen wichtigen Schritt darüber hinaus. JHWH ist, wie bereits in diesem Buch angesprochen, weit mehr als nur ein neutraler Weltenschöpfer oder ein höheres Wesen, das moralisches Verhalten von uns verlangt.

Der biblische Glaube hat seinen Dreh- und Angelpunkt darin, dass Gott keine gehorsamsfordernde kalte Macht, sondern der wohlwollende Ursprung allen Lebens ist, der will, dass die Menschen in Freiheit und in gerechten Verhältnissen leben können. In dieser Vorstellung drückt sich die (Ur-) Erfahrung aus, dass die Welt im Grunde gut ist, kein irdisches Jammertal, das man tapfer durchstehen müsste. Die Früchte der Erde sind dazu da, sie zu genießen; die Menschen sind körperlich geschaffen, damit sie sich gegenseitig wärmen und erfreuen können. Und sollten sie in Ausbeutung und Unterdrückung geraten, wird Gott kommen, um sie in die Freiheit zu führen.

Der zentrale Text dafür ist die schon weiter oben erwähnte Szene, in der Mose Gottes Stimme aus einem brennenden Dornbusch in der Wüste hört. Gott kündigt die Befreiung seines Volkes an, das in Ägypten in der Sklaverei lebt:

Ich habe das Elend meines Volkes in Ägypten gesehen und ihr Geschrei über ihre Bedränger habe ich gehört. Ich kenne sein Leid. Und ich bin herabgestiegen, um es aus der Gewalt der Ägypter zu retten und aus jenem Land hinaufzuführen in ein schönes, weites Land, in ein Land, in dem Milch und Honig fließen … (Exodus 3,7–8)

Das ist religionsgeschichtlich einmalig: Der Gott Israels hört die Schreie der israelitischen Sklaven über ihr Elend. Ihre Leiden berühren diesen Gott (über ihre Sünden fällt hier kein Wort). Gott will ihr Elend nicht. »Er« schaut ihnen nicht unbeteiligt von seinem Himmel aus zu. Er bricht auf, kommt »herab« und sieht nach den Menschen. Und gerade das macht seine Besonderheit, seine »Heiligkeit« aus: dass er nicht kühl distanziert, sondern einfach *da* ist. Daran sollen sich auch die Menschen orientieren: »Ihr sollt heilig sein, denn ich bin heilig, JHWH, euer Gott« (Levitikus 19,2). Anders gesagt: Auch die Menschen sollen aufbrechen, aufeinander zugehen, künstliche Trennungen unter sich überwinden und füreinander da sein.

Ich erzähle das hier nicht, um zum Schluss des Buchs ein frommes Bild vom lieben Gott mit einem schönen moralischen Imperativ aufzurufen (eine abstoßende Art des Bibelgebrauchs, wie ich finde). Mich interessiert vielmehr, wie die damaligen Menschen mit dieser – durchaus ungewöhnlichen – Gottesvorstellung eine bestimmte Art des Zusammenlebens in dieser Welt zu begründen versuchten. Das Bild des gerechtigkeitsliebenden, sich kümmernden Gottes, der nicht den Gehorsam, sondern die Freiheit der Menschen will, drückt ja die Überzeugung aus, dass es eine Alternative zum Leben in ständiger Abgrenzung, zur Existenz innerhalb der Kategorien »wir« und »die Anderen« gibt: nämlich ein Leben in Solidarität, im Niederreißen der Zäune zwischen den Menschen, im

Aufbruch zu denen, die man nicht mehr als »Andere« abstempeln möchte.

Dass das tragfähig ist, dass dies das Leben nicht gefährdeter, sondern lebenswerter macht, ist der Glaube hinter dieser Vorstellung. Dafür gibt es keinerlei Beweis – man kann nur *darauf setzen*, dass es so ist, verbunden mit der Intuition, dass das Leben auf dieser Welt etwas Gutes sein kann. Der Gegen-Glaube wäre, dass man mit einem Grundmisstrauen gegen alle Menschen und Umstände sicherer fährt. Demgegenüber scheint mir die Hebräische Bibel sagen zu wollen: Aber nein, es geht menschenfreundlicher und stressärmer.

Auch im Neuen Testament ist einiges von dieser Grundhaltung zu finden. Selbst die spekulative christliche Erzählung von der Fleischwerdung des Wortes Gottes läuft an diesem Punkt ähnlich: Gott bleibt nicht im Himmel – sein Wort »zeltet« unter den Menschen (Johannes 1,14, wörtlich übersetzt); sein Wille wird irdische Wirklichkeit in den Taten des Jesus von Nazaret. Wieder geht es ums Hinter-sich-Lassen der himmlischen Sphäre der Unberührtheit, ums Aufbrechen, Unter-die-Menschen-Gehen, um die Überwindung der Trennungen unter den Menschen. Und wie im Tanach die Menschen aufgefordert werden, so heilig zu sein wie Gott, fordert auch Jesus seine Anhänger auf, sich aufzumachen in die Welt, zu den Menschen, um die Botschaft vom greifbar nahe gekommenen Gottesreich der Gerechtigkeit unter allen zu verbreiten. Die Erde ist Gottes Schöpfung, hier findet das Leben statt. Seine Leute sollen nicht aus der Welt fliehen, sich nicht nach »jenseits« orientieren, sich nicht von anderen Menschen abgrenzen.

Aus dieser Perspektive ist es wenig überraschend, dass auch im Anhängerkreis von Jesus keine Abgrenzungen gegen Fremde, Diskriminierte und andere erwünscht waren, dass alle dazugehören konnten, ganz gleich, ob sie Steuereintreiber oder Prostituierte waren, ehemalige Guerrillakämpfer oder alleinstehende Frauen, ob sie angesehen oder verachtet waren.

Eine knappe Bemerkung im Markusevangelium, der die Bibelwissenschaftler nie viel Beachtung schenken, enthält einen

Hinweis darauf. Im Durcheinander, als Jesus von einem bewaffneten Haufen gefangengenommen wird (so zumindest erzählt es der Evangelist Markus), fällt ein anonymer junger Mann auf. Auch ihn wollen sich die Bewaffneten schnappen; ansonsten spielt er in der Szene keine weitere Rolle und wird danach nie wieder erwähnt. Doch offenbar ist er wichtig genug für diese Notiz:

Ein junger Mann, der Jesus folgte, war nur mit einem Leinentuch bekleidet. Ihn wollten sie auch festnehmen. Aber er riss sich los, ließ sein Tuch fallen und rannte nackt davon. (Mk 14,51–52)

Viele Ausleger sehen in diesem Textstückchen nur eine Illustration der allgemeinen Aufregung bei der Verhaftung Jesu. Der mexikanische Queer-Theologe und Bibelwissenschaftler Manuel Villalobos Mendoza hat wesentlich mehr entdeckt[1]: Mit »junger Mann« (griech. *neanískos*) bezeichnet der Text einen Menschen in einem Alter, in dem noch nicht entschieden ist, ob er aus römischer Sicht ein »richtiger« Mann wird oder ein »Weichling«. Dazu passt das Leinentuch, mit dem er bekleidet ist: Gemeint ist ein weicher Stoff, der nur um den Körper gewickelt, aber nicht von Knöpfen oder einem Gürtel zusammengehalten wird. »Nicht gegürtet zu sein« war allerdings in der griechisch-römischen Welt »nahezu das genaue Gegenteil von Maskulinität […]; der fehlende Gürtel zeigt an, dass der Betreffende nichts auf Konventionen gibt und nicht tatbereit, d.h. insbesondere nicht imstande ist, eine Waffe zu tragen.«[2] »Richtige« Männer trugen lieber Zeug aus derbem Wollstoff und einen Gürtel, an dem sie ein Schwert befestigen konnten.

Der junge Mann unterscheidet sich also deutlich von der gesamten Szenerie, in der Schwerter und Holzknüppel geschwungen werden. Ein Schwert zu tragen war ein Zeichen dafür, dass man in der Lage war, anderen Gewalt anzutun, sie zu durchbohren, zu »penetrieren«. Ein Schwert verwies »auf den Gegensatz zwischen Eroberer und Erobertem, Herrschaft und Unterwerfung, männlich und weiblich«[3], auf das Denken von

»wir« und »die«. Dass der *neanískos* dann auch noch nackt davonläuft, macht ihn endgültig als jemanden kenntlich, der nicht den Rollenerwartungen entspricht: Wer nackt gesehen wurde, setzte sich den Menschen aus, konnte von ihren Blicken »penetriert«, erniedrigt werden – auch ohne jede Berührung.

Damit ist selbstverständlich nichts gesagt über die sexuellen Vorlieben des jungen Mannes; sie sind hier nicht das Thema. Der Text stellt eher dem »männlichen« Gebaren des bewaffneten Haufens die verletzliche Männlichkeit eines jungen Juden gegenüber, »der Jesus folgte«. Letzteres dürfte der springende Punkt sein: Der namenlose junge Mann gehörte zu den Leuten um Jesus. Um hier dazugehören zu dürfen, brauchte man offensichtlich kein herrisches soldatisches Auftreten, hier durfte man waffenlos, verletzlich und ängstlich sein. Was für ein besonderer Haufen muss das gewesen sein, scheint der Text zu sagen, wo solche Jungs mit dabei waren. Und so sind diese wenigen Worte ein Hinweis darauf, welche Menschen Jesus um sich versammelt hatte – in dem Moment, als die Staatsgewalt diesem Kreis gerade den Mittelpunkt raubt.

Villalobos Mendoza sieht darin eine bewusste Aussage des Evangelisten Markus: »Dadurch, dass ein solcher *neanískos* bei Markus in der Jesus-Bewegung Platz hat, kristallisiert sich eine neue Art, ein ›Mann‹ und ein ›Jünger‹ zu sein, heraus, bei der der Dienst am Reich Gottes vor anderen sozial konstruierten Kategorien wie der der Maskulinität Vorrang hat. Im Markusevangelium heißt Jüngerschaft, sein ›normales‹ Leben aufzugeben und sich auf die Ränder hin zu öffnen, weil dies ein Weg ist, ins Reich Gottes zu gelangen. Wer könnte marginaler oder liminaler sein als der *neanískos*, der seine Maskulinität abgelegt hat, um Jesus nachzufolgen?«[4]

Im Kreis des Jesus von Nazaret herrschte offenbar keine Ausgrenzung. Jesus akzeptierte keine Trennlinien zwischen den Menschen. Keine des Geschlechts, keine der Nationalität, keine des Auftretens. Jesus selbst war aufgebrochen, um die unterschiedlichsten Menschen in seinen Kreis zu holen. Es ging ihm ums Zusammenleben der Menschen, um ein ehrliches, solidarisches Miteinander.

Von solchen Geschichten ist die Bibel voll: vom Herabsteigen, vom Zugehen auf andere, vom Überwinden der Trennungen zwischen den Menschen, auch von der Wiederannäherung nach Jahren der Entfremdung. Das Reich Gottes kann offenbar nur dort Gestalt annehmen, wo die Leute zusammenkommen. Der Blick, der jene aussondert, die nicht zur Gemeinschaft passen, macht aus dem Reich Gottes eine Hölle. Jesus schaute nicht darauf, *was* die Menschen waren, sondern *wer* sie waren: Menschen mit Hoffnungen und Ängsten, Freuden und Sorgen.

Das ist die tiefere Bedeutung des Gebots der Nächstenliebe: der Übergang vom *Was* zum *Wer*. Es ist die Weigerung, jemanden für »anders« zu erklären. Besonders schön wird dies in Martin Bubers Übersetzung dieses Gebots ausgedrückt. Wo wir gewohnt sind zu hören: »Liebe deinen Nächsten wie dich selbst«, fand Buber die Worte: »Liebe deinen Nächsten. Er ist wie du« (Levitikus 19,18). Der Nächste ist uns gleich, er gehört keiner anderen Art an.

Und das gilt natürlich auch für die erotische Liebe. Verlangen und Begehren sind starke Energien zur Überwindung von Trennungen zwischen Klassen, Nationen und Geschlechtern, zwischen Frauen, zwischen Männern, zwischen Menschen, die sich so nicht mehr definieren wollen. Shakespeares Stück *Romeo und Julia* ist der Klassiker der Überwindung von Schranken zwischen Menschen durch erotische Liebe und Zuneigung. Das können wir aus der Bibel und dem Besten unserer Kultur lernen: Wir müssen keine Angst haben, wenn wir nach einem anderen Menschen Verlangen empfinden – unabhängig von seinem oder ihrem Geschlecht, unabhängig davon, ob wir gleich- oder verschiedengeschlechtlich begehren. Unser Verlangen ist das, was uns zusammenbringt. Und das ist gut. Die Frage ist nicht: *Was* seid ihr? Sondern: *Wer* seid ihr? Liebt ihr euch? Respektiert ihr euch gegenseitig? Das ist der Kern des christlichen Glaubens.

Oder besser: Das *wäre* sein Kern. Es ist ja klar, dass die obenstehenden Gedanken im real existierenden Christentum kaum zu Hause sind. Sie sind eine Herausforderung, ein Aufruf zur Umkehr, zur Wiederentdeckung der Wurzeln des christlichen Glaubens.

Wir leben in einer Welt, die Liebe so verzweifelt nötig hat. Wir sollten einander helfen zu lieben – anstatt uns gegenseitig daran zu hindern. Wenn es Liebe ist, wird es Gott gefallen. Wenn wir aufbrechen und uns auf den Weg machen zu den anderen Menschen. Denn darum geht es im Leben.

Anmerkungen

I Die Hölle der Abstraktionen

1 Karahasan, *Der Mut zur Skepsis. Über Literatur und Journalismus in Zeiten des Krieges.*
2 Said, *Orientalismus.*
3 Die komplexen Diskussionen über die Konstruktionsweisen von Geschlechter- und Begehrensidentitäten, die zu einem eigenen wichtigen Forschungsgebiet geworden sind, würden indessen den Rahmen dieses Buches sprengen, wenn sie hier behandelt würden. Interessierte seien zur ersten Orientierung auf den Reader *Queer denken. Gegen die Ordnung der Sexualität,* hg. von Andreas Kraß, verwiesen. Von dort lassen sich leicht weitere Pfade durch dieses Gebiet bahnen.
4 Zu jüdischen Traditionen und Interpretationen erfolgen einige Hinweise in den folgenden Kapiteln; zu islamischen Sichtweisen vgl. zum Beispiel Ghandour, Liebe, *Sex und Allah;* Ghandour / Ulfat (Hg.), *Sexualität, Gender und Religion in gegenwärtigen Diskursen.*
5 Als Lockerungsübung zu empfehlen ist der Roman *Identitti* von Mithu Sanyal.

II Die biblischen Texte: Von Sodom bis Paulus

1 Heschel, *Gott sucht den Menschen,* S. 316.
2 Vgl. Art. *Speisegebote – die Kaschrut,* in: Petzel / Reck (Hg.), Von Abba bis Zorn Gottes, S. 167–170.
3 Vgl. Arendt, *Über das Böse. Eine Vorlesung zu Fragen der Ethik,* S. 73 und öfter.
4 Ausführlicher dazu der Abschnitt »Der Gott des Exodus« in meinem Buch *Der Jude Jesus und die Zukunft des Christentums,* S. 127–138.
5 Vgl. Boyarin, *Den Logos zersplittern,* S. 15.

6 Vgl. *Katechismus der Katholischen Kirche*, Nr. 2357.

7 Das Motiv der Zerstörung Sodoms geht vielleicht zurück auf eine Legende über den assyrisch-babylonischen Sonnengott Šamaš, den Hüter der Gerechtigkeit, der über eine besonders sündhafte Stadt ein Strafgericht mit Feuer und Schwefel verhängt hat. Vgl. Keel, *Jerusalem und der eine Gott*, 57–61; Janowski, *Rettungsgewißheit und Epiphanie des Heils*, Bd. I.

8 Vgl. Knauf, Art. *Sodom und Gomorra*, 2. Historischer Hintergrund.

9 Vgl. hierzu Marie-Theres Wacker: »Setzt man voraus, dass Vergewaltigung von Frauen etwas ist, das in Israel nicht geschehen soll (vgl. 1 Sam 13,12), zumal wenn die Frauen bereits einem Mann versprochen sind (Gen 19,14; vgl. Dtn 22,23–27), so dürfte es in Gen 19,1–29 zum einen darum gehen, den hohen Stellenwert zu zeigen, den Lot dem Schutz seiner Gäste zumisst, zum anderen aber auch darum, das für die altisraelitische Erzählgemeinschaft sicherlich pervers erscheinende Angebot Lots als Ausdruck einer abgrundtiefen Verderbtheit zu verstehen, die in Sodom und Gomorrha herrscht und Lot gleichsam bereits angesteckt hat.« – Wacker, *»Altes Testament« trifft »Theologische Frauen- und Geschlechterforschung«*, S. 264.

10 Ich folge hier dem Vorschlag von *The Contemporary Torah*, hg. v. David Stein, wo mit Verweis auf andere Stellen der Bibel (z. B. Gen 34,20; Ri 20,2) *'anshe ha-'ir* (die Männer der Stadt) und *'anshe sedom* (die Männer von Sodom) mit »town council« und »militia of Sodom« übersetzt werden.

11 Die anale Penetration war »in der Antike ein verbreitetes Mittel […], um Macht gegenüber Unterlegenen zu demonstrieren« – Bieberstein, *Was die Bibel zu Homosexualität (nicht) sagt*. Vgl. auch Nissinen, *Homoeroticism in the Biblical World*, S. 48.

12 Einen präzisen Einblick gibt die Diskussion von Havryshko und Mühlhäuser, *Vergewaltigung als Kriegswaffe?*

13 Ilse Müllner, zit. n. Reck, *Die Sünde von Sodom*.

14 Zur Bedeutung von Vergewaltigung und dem damit verbundenen Männerbild bis in die Gegenwart vgl. beispielsweise Brownmiller, *Gegen unseren Willen. Vergewaltigung und Männerherrschaft*; Sanyal, *Vergewaltigung*; Urwin, *Boys don't cry. Identität, Gefühl und Männlichkeit*; Bola, *Sei kein Mann. Warum Männlichkeit ein Albtraum für Jungs ist*.

15 Dazu ausführlich Jost, *Frauenmacht und Männerliebe. Egalitäre Utopien aus der Frühzeit Israels*, Kap. V, S. 141–167.

16 Vgl. beispielsweise Hieke, *Kennt und verurteilt das Alte Testament Homosexualität?* bes. S. 42; Cohen, *The Biblical Prohibition of Homosexual Intercourse*, S. 154: »there is nothing at all in the text of Genesis 19 to suggest that this story is meant to be taken as an etiological explanation of the (later) prohibition of homosexual intercourse«.

17 Schroer, *Jonatan liebte David.*

18 Eine wichtige Rolle bei der Bewertung der Vergehen Sodoms spielt in der Erzählung auch der »Kontrast des vorbildlichen Landbewohners Abraham mit den ruchlosen Städtern« (Knauf, Art. *Sodom und Gomorra*, 1.1. Sodom und Gomorra), zwischen dem JHWH-gläubigen Nomadentum und tendenziell unmoralischen Sesshaften. Vgl. hierzu die Kapitelanfänge von Gen 18 und 19, in denen die großzügige Gastfreundschaft des Nomaden Abraham und die deutlich frugalere Gastfreundschaft des Städters Lot einander gegenübergestellt werden.

19 Interessanterweise wird das Wort »Klagegeschrei« (צַעֲקָתָם / ṣa·ă·qā·ṯām), mit dem die Engel in Gen 19,13 ihr Einschreiten in Sodom begründen, auch für die Schreie der israelitischen Sklaven in Ägypten verwendet (Ex 3,7), die Gott schließlich dazu veranlassen, die Israeliten aus Ägypten herauszuführen.

20 Volker Grunert, zit. n. Reck, *Die Sünde von Sodom.*

21 Hieran gab es reichlich Kritik, u. a. den Hinweis, dass etliche andere Praktiken, die in den Kapiteln 18 und 20 von Levitikus erwähnt werden, umstandslos zu Nachkommenschaft führen könnten, aber trotzdem abgelehnt werden. Und dass – wenn die These stimmte – umgekehrt der Verkehr mit unfruchtbaren Frauen und mit Frauen nach der Menopause ebenfalls wegen der Vergeudung kostbaren Samens für falsch erklärt werden müsste, was aber nicht der Fall sei. Vgl. Cohen, *The Biblical Prohibition of Homosexual Intercourse*, S. 155. Die Vorstellung einer gezielten Steuerung des Bevölkerungswachstums durch eine Gesetzesvorschrift dürfte zudem eine Rückprojektion aus der Moderne sein, in der solche Politiken erstmals nachgewiesen sind.

22 So Wells, *On the Beds of a Woman: The Leviticus Texts on Same-Sex Relations Reconsidered*, in: Lipka / Wells (Hg.), Sexuality and Law in the Torah, S. 123–158.

23 So Töyräänvuori, *Homosexuality, the Holiness Code, and Ritual Pollution.*

24 Vgl. Baltrusch, *Die Juden und das Römische Reich*, S. 31–35.

25 Neben Levitikus entstanden in diesem Zeitraum auch die Bücher Ijob, Kohelet, Rut, Maleachi u. a. mit vergleichbaren Absichten. Auch in Ägypten und vereinzelt sogar in Griechenland finden sich zur selben Zeit ähnlich gelagerte Bewegungen. Ich danke Volker Grunert für diesen Hinweis.

26 Vgl. etwa Cohen, *The Biblical Prohibition of Homosexual Intercourse,* S. 160.

27 Vgl. Greenberg, *Wrestling with God and Men,* S. 206, der zusammenfassend festhält: »das ganze Kapitel dreht sich um das Problem der Gewalt innerhalb sexueller und familiärer Beziehungen«.

28 Vgl. Grunert, *Lest Ihr ihnen die Leviten!*

29 Vgl. Boyarin, *Are There Any Jews in »The History of Sexuality«?,* S. 334, Anm. 3.

30 Auch Schroer, *Jonatan liebte David,* hält fest, dass es beim hier beschriebenen Tun mit hoher Wahrscheinlichkeit »mindestens ursprünglich« um Akte sexueller Gewalt geht.

31 Vgl. zum Beispiel Leuenberger, *Geschlechterrollen und Homosexualität im Alten Testament,* bes. S. 226f; Olyan, *›And with a Male You Shall Not Lie the Lying down of a Woman‹*; Greenberg, *Wrestling with God and Men,* S. 80f. Auch bei den großen jüdischen Bibelkommentatoren im Mittelalter Raschi und Chiskuni findet sich diese Sichtweise.

32 Greenberg, *Wrestling with God and Men,* S. 205, mit Verweis auf das einzige andere biblische Vorkommen des Ausdrucks in Genesis 49,4, wo der Aspekt des Gewaltsamen unverkennbar ist.

33 Vgl. Grunert, *Leviten;* Hieke, *Kennt und verurteilt das Alte Testament Homosexualität?* bes. S. 22ff. Aufs Ganze gesehen ist das Bild eher vielfältig als einheitlich. Vgl. den Überblick bei Jost, *Frauenmacht und Männerliebe,* S. 154–160.

34 Vgl. Avalos, *Legal and Social Institutions in Canaan and Ancient Israel,* bes. S. 618.

35 Grunert, *Leviten.*

36 Vgl. Burnside, *Strange Flesh.*

37 Vgl. ebd., S. 393. Ähnliche kompositorische Beobachtungen macht Carmichael, *Law, Legend, and Incest in the Bible,* S. 9f.

38 Auch die hier immer wieder anzutreffende Erklärung, das Verbot bezwecke die Abgrenzung von kanaanäischen Kultpraktiken, entbehrt jeder Grundlage, vgl. Olyan, *›And with a Male You Shall Not Lie the Lying down of a Woman‹,* S. 198f.

39 Greenberg, *Wrestling with God and Men,* S. 206.

40 Vgl. zusammenfassend Olyan, ebd., S. 205f. Thomas Hieke neigt zu der Ansicht, dass »gleichgeschlechtliche Beziehungen eines Mannes nur zu bestimmten Männern seiner Verwandtschaft verboten seien«, also innerfamiliär, und folgert: »Homosexuelle Beziehungen zu anderen Männern wären dann erlaubt« – Hieke, *Levitikus*, S. 689.

41 Vgl. Olyan, *›And with a Male You Shall Not Lie the Lying down of a Woman‹*, S. 405ff. Anders Hieke, *Kennt und verurteilt das Alte Testament Homosexualität?* S. 38f.

42 Vgl. Crüsemann, *Die Tora*, S. 352f.

43 Vgl. Lampe, *Die stadtrömischen Christen in den ersten beiden Jahrhunderten.*

44 Nur etwa 3 Prozent zählten im Imperium Romanum zur Oberschicht; über 90 Prozent galten als arm; ein Drittel davon lebte unter dem Existenzminimum. Vgl. Pickett, *Konflikte in Korinth*, bes. S. 135ff.

45 Zit. n. Veyne, *Homosexualität im antiken Rom*, S. 45.

46 Schroer, *Jonatan liebte David.*

47 Vgl. etwa Scholz, Art. *Homosexualität*, 3.2.2. Judentum; Schrage, *Der erste Brief an die Korinther*, S. 425–436; Brooten, *Darum lieferte Gott sie entehrenden Leidenschaften aus*, S. 129; Sanders, *Paulus*, S. 169. Die Beispiele könnten beliebig vermehrt werden; solche Hinweise finden sich in den allermeisten Kommentaren zum Thema, seit sich die – wichtige! – Erkenntnis herumsprach, dass Paulus Jude war und die Tora keineswegs in Bausch und Bogen verdammte – vgl. Stendahl, *Der Jude Paulus und wir Heiden*; Fredriksen, *Was bedeutet es, Paulus ›innerhalb des Judentums‹ zu sehen?*

48 Auch Marie-Theres Wacker spricht sich, damit man nicht in ein »antijüdisches Fahrwasser« gerät, dafür aus, »die levitischen Sexualregeln auszulegen als Ausdruck der Sorge um ein gutes und unter dem Segen Gottes stehendes Zusammenleben« – vgl. Wacker, *»Altes Testament« trifft »Theologische Frauen- und Geschlechterforschung«*, S. 268.

49 Gerstenberger, *Das dritte Buch Mose*, S. 232 und 271f.

50 Hoheisel, Art. *Homosexualität*, Sp. 333.

51 Vgl. Kraft, *Stoa und Gnosis.*

52 Feichtinger, *Soziologisches und Sozialgeschichtliches zu Erotik, Liebe und Geschlechterverhältnis*, S. 240.

53 Gemünden, Art. *Stoa.*

54 Veyne, *Homosexualität im antiken Rom*, S. 40f.

55 Vgl. Engberg-Pedersen, *Paul and the Stoics*. Siehe auch Stegemann, *Homosexualität – ein modernes Konzept*, S. 65. Das Naturverständnis von Paulus zeigt sich auch, wo er über die richtige Haarlänge in der christlichen Gemeinde schreibt: Männer sollten ihr Haar kurz geschnitten tragen, Frauen dagegen sollen es wachsen lassen, wie es schon »die Natur« nahelege: »Lehrt euch nicht die Natur selbst, dass es für den Mann eine Schande ist, langes Haar zu tragen, für die Frau aber eine Ehre?« (1 Kor 11,14.15). Es kümmert Paulus nicht, dass auch Männern lange Haare wachsen, wenn sie sie nicht schneiden lassen, denn er verbindet hier »Natur« mit den Begriffen »Schande« und »Ehre« und zeigt damit, dass er hier ebenfalls Natur im Sinne der gesellschaftlichen Ordnung versteht. In seiner Umwelt deuten lange Haare bei Männern auf »Verweiblichung« hin, also auf Vertauschung der »natürlichen« Rollen (im Lateinischen nannte man einen langhaarigen Mann *effeminatus*); Frauen mit Kurzhaarschnitt verdächtigte man hingegen als Vertreterinnen einer aktiven Rolle (im Sex und in der Gesellschaft), die ihnen »nach der Natur« nicht zukam. – Anders als die Stoa denkt Paulus hinsichtlich der Fortpflanzung. Während für viele Stoiker allein fortpflanzungsorientierter Sex »natürlich« ist, ist das für Paulus kein Argument. Weil er davon überzeugt ist, dass die Rückkehr Christi in nächster Zukunft bevorsteht, hält er es nicht mehr für angeraten, Kinder in die Welt zu setzen; vgl. Wengst, *Paulus und die Homosexualität*, S. 76.

56 Stegemann, *Homosexualität – ein modernes Konzept*, S. 66.

57 Grundlegend sind hier die Forschungen von Boyarin, *A Radical Jew*.

58 Vgl. etwa Aristeasbrief 151f; Weisheit Salomos 14,23–26; Orakel der Sibylle 5,166; Pseudo-Phokylides 210–217; Philon von Alexandria, *De Specialibus Legibus* 3,37–42; Flavius Josephus, *Contra Apionem* 2,199 u. 215. Vgl. dazu Hieke, *Kennt und verurteilt das Alte Testament Homosexualität?*, S. 42f.

59 Biale, *Eros and the Jews*, S. 40.

60 Boyarin, *A Radical Jew*, S. 159.

61 Im Neuen Testament finden sich die *arsenokoitai* noch einmal in 1 Tim 1,10, einem späteren Brief aus der Schule des Paulus, der hier nicht eigens besprochen werden soll, sowie in den Orakeln der Sibylle 2,73 (vermutlich nach 100 n. Chr.).

62 Das ist auch der Begriff, den später die lateinische Übersetzung *Vulgata* verwenden wird.

63 Ariès, *Paulus und das Fleisch*, S. 52.

64 Boyarin, *A Radical Jew*, S. 164f.

65 Vgl. ebd., Kapitel 7: »Brides of Christ. Jewishness and the Pauline Origins of Christian Sexual Renunciation«, S. 158–179.

66 Vgl. Janssen, *Sexualität und Macht*, S. 94.

67 Nach der genauen Übersetzung bei Schroer / Staubli, *Saul, David und Jonatan – eine Dreiecksgeschichte?*, S. 19.

68 Wacker, *»Und David küsste Jonathan ...« Homosexualität und Bibel.*

69 Staubli / Schroer, *Menschenbilder der Bibel*, S. 47.

70 Wacker, *»Und David küsste Jonathan ...«*

71 Vgl. etwa Plutarch, der wusste, dass es in seiner Zeit Männer- und – häufiger noch – Frauenpaare gab, »die eine Gemeinschaft in vollkommener Treue durch ihr ganzes Leben bewahrt haben, mit Beharrlichkeit und freudigem Eifer« (*Dialog über die Liebe*, 24,770C). Vgl. auch Eger, *Age and Male Sexuality*; Robert Aldrich, *Die Geschichte der Homosexualität*; Herdt / Stoller, *Intimate Communications.*

72 Vgl. etwa Ex 21,10 und Dtn 24,5.

III Von Sodom zur Sodomie

1 Le Goff, *Der Gott des Mittelalters*, S. 9.

2 Midrasch Sifra, Kedoschim 10,11.

3 Um aus dem Jerusalemer Talmud nur wenige Belege zu nennen: Horajot 4a,15; Jevamot 8,6,5; Jevamot 54b,9; Jevamot 83b,10; Keritot 3a,14; Sotah 26b.13; Sanhedrin 9b,7.

4 Vgl. Raschi (Rabbi Schlomo ben Jizchak), *Sifra Kedoschim* 10,8.

5 Vgl. Mt 10,15; 11,23f; Lk 10,12; 17,29.

6 Vgl. Jud 1,7; 2 Petr 2.

7 Jordan, *The Invention of Sodomy in Christian Theology*, S. 32.

8 Genaueres ist der Analyse der Texte von Hieronymus, Ambrosius, Augustinus, Gregor d. Gr. u. a. bei Jordan, *The Invention of Sodomy*, S. 33–44, zu entnehmen.

9 Hieronymus, *Epistulae* 55,4(3). Vgl. Jordan, *The Invention of Sodomy*, S. 33f.

10 Augustinus, *Bekenntnisse*, III,8,15. Weitere Belege bei Jordan, *The Invention of Sodomy*, S. 34.

11 Jordan, *The Invention of Sodomy*, S. 35.

12 Augustinus, *Der Gottesstaat*, 16,30.

13 Gregor der Große, *Moralia in Job* 21,2,5.

14 Ebd., 21,12,19.

15 Vgl. Payer, *Sex and the Penitentials*, S. 135–139; Bieler, *The Irish Penitentials and their Significance for the Sacrament of Penance Today*, S. 96; Lutterbach, *Sexualität im Mittelalter*, S. 152.

16 Burchard von Worms, *Burchardi Wormaciensis ecclesiae episcopi Decretorum Libri XX*, Decretum XIX, Sp. 967D: »Fecisti fornicationem sicut Sodomitae fecerunt, ita ut in masculi terga et in posteriora virgam tuam immitteres, et sic secum coires more Sodomitico?« Vgl. auch Lutterbach, *Sexualität im Mittelalter*, S. 151.

17 Vgl. mit Bezug auf das *Confessional* von Jean Gerson: Denzler, *2000 Jahre christliche Sexualmoral*, S. 196.

18 Petrus Damiani, *Liber Gomorrhianus*.

19 Ebd., S. 316.

20 Ebd., S. 309 (Übersetzung von mir, N. R.).

21 Jordan, *The Invention of Sodomy*, S. 57.

22 Ebd., S. 58.

23 Papst Leos Antwortbrief *Nos humanius agentes* aus dem Jahr 1051 ist abgedruckt in Boswell, *Christianity, Social Tolerance, and Homosexuality*, S. 365f.

24 Vgl. Richter/Friedberg (Hg.), *Corpus Iuris Canonici, Bd. II*, X,5.31.4.

25 Petrus Damiani, *Liber Gomorrhianus*, S. 328.

26 »Denn so wie aus einem einzigen Rebstock verschiedene Triebe hervorgehen, so kommen die vier Zweige, die wir oben aufgezählt haben, aus derselben sodomitischen Unreinheit.« – ebd., S. 319.

27 Jordan, *The Invention of Sodomy*, S. 42.

28 Ebd., S. 44. Vgl. auch Puff, *Die Sünde und ihre Metaphern*, S. 45–77.

29 Eine umfassende Liste von Autorinnen und Autoren, deren diesbezügliche Werke erhalten geblieben sind, bietet Hergemöller, *Sodom und Gomorrha*, S. 160f.

30 Epistola Alexii Imp., auf Englisch komplett in: Boswell, *Christianity, Social Tolerance, and Homosexuality*, S. 367–369.

31 Vgl. Paul von Ungarn, *Summa de poenitentia*.

32 Vgl. Hergemöller, *Sodom und Gomorrha*, S. 41.

33 Vgl. ebd.

34 Vgl. Demurger, *Die Verfolgung der Templer*.

35 Hergemöller, *Sodom und Gomorrha*, S. 41, Quellen auf S. 192f. Vgl. aber Rocke, *Forbidden Friendships*, S. 4f; Klauda, *Die Vertreibung aus dem Serail*, S. 76f. Vgl. des Weiteren Thoma/Limbeck (Hg.): *»Die*

sünde, der sich der tiuvel schamet in der helle«; Puff, *Sodomy in Reformation Germany and Switzerland.*

36 Klauda, *Vertreibung aus dem Serail*, S. 79.

37 Ebd.

38 Vgl. Bray, *The Friend;* Klauda, *Die Vertreibung aus dem Serail*, S. 80.

39 Zit. n. https://de.wikipedia.org/wiki/Schwurbruderschaft.

40 Foucault, *Sex, Macht und die Politik der Identität*, S. 921f.

41 Ebd., 921.

42 Zit. n. Klauda, *Vertreibung aus dem Serail*, S. 98.

43 Vgl. ebd., S. 88.

44 Ebd., S. 94.

IV Von der Sodomie zur Homosexualität

1 Baldwin, *Von einem Sohn dieses Landes*, S. 55.

2 Foucault, *Sexualität und Wahrheit. Bd. I*, S. 30.

3 Voß, *Prozessdenken und Homosexualität im Kontext von Naturwissenschaft und Pädagogik*, S. 47. Der Ausdruck »drittes Geschlecht« findet sich erstmals bei Ulrichs, *Ara spei*, S. 84. Vgl. ders., *Memnon.* Siehe auch Sigusch, *Karl Heinrich Ulrichs*, bes. S. 47ff.

4 Die Ausdrücke Uranismus und Urning verwendet Ulrichs mit Bezug auf das 8. und 9. Kapitel von Platons *Symposion*, wo Pausanias von der Göttin Aphrodite Urania spricht, die aus abgeschnittenen Geschlechtsteilen ihres Vaters Uranus – also eingeschlechtlich – entstanden sein soll.

5 Vgl. Westphal, *Die conträre Sexualempfindung*, S. 73–108.

6 Haeberle, *Bisexualitäten*, S. 8.

7 Kertbeny (anonym), *§ 143 des preußischen Strafgesetzbuches.* Zur Person Kertbenys vgl. Heicker, »... weil ich keine ›stumme Sünde‹ gegen die Natur begehen darf«. Zur Analyse des Begriffs »Homosexualität« vgl. auch Halperin, *Ein Wegweiser zur Geschichtsschreibung der männlichen Homosexualität*, bes. S. 212.

8 Vgl. meinen Aufsatz *Gefährliches Verlangen*, bes. S. 15.

9 Foucault, *Sexualität und Wahrheit I*, S. 58.

10 Morison, *The Physiognomy of Mental Diseases*, S. 157f., zit. n. Klauda, *Vertreibung aus dem Serail*, S. 85.

11 Foucault, *Sexualität und Wahrheit I*, S. 143.

12 Vgl. Norton, *Mother Clap's Molly House*, S. 261.

13 Ulrichs, *Critische Pfeile*, S. 92.

14 Krafft-Ebing, *Ueber gewisse Anomalien des Geschlechtstriebs*, S. 309. Auch Jahrzehnte später, als Krafft-Ebing bereits selbst für die Straffreiheit homosexueller Akte eintritt, hält er sie weiterhin für eine »eingeborene Anomalie«, vergleichbar mit einer körperlichen Missbildung – vgl. ders., *Neue Studien auf dem Gebiete der Homosexualität*, S. 5.

15 Vgl. Krafft-Ebing, *Psychopathia sexualis.*

16 Hirschfeld (unter dem Pseudonym Th. Ramien), *Sappho und Sokrates*, S. 15.

17 Hirschfeld, *Die Homosexualität des Mannes und des Weibes*, S. XIV. Vgl. auch Sigusch, *Karl Heinrich Ulrichs*, S. 48.

18 Voß, *Biologie & Homosexualität*, S. 18.

19 Ebd. S. 36. Voß bietet S. 20–46 auch eine detaillierte Übersicht der diversen Eingriffe und ihrer Protagonisten.

20 Vgl. ebd., S. 46–70. Vgl. auch ders., *Prozessdenken und Homosexualität*, S. 64–66; Haeberle, *Bisexualitäten*, S. 29f, Anm. 35.

21 Haeberle, *Bisexualitäten*, S. 2.

22 Vgl. Levy u. a., *Stereotype Formation and Endorsement*; Bastian / Haslam, *Psychological Essentialism and Stereotype Endorsement*, S. 228–235.

V Abschiede von der Kategorie der Homosexualität

1 Emcke, *Wie wir begehren*, S. 183.

2 Dannecker, *Freuds Dekonstruktion der sexuellen Normalität*, S. 84.

3 Ebd., S. 85.

4 Freud, *Drei Abhandlungen zur Sexualtheorie*, hier S. 132f.

5 So Foucault, *Sexualität und Wahrheit I*, S. 143, in grundsätzlicher Zustimmung zu Freud.

6 Vgl. Freud, *Drei Abhandlungen*, S. 126f.

7 Vgl. ebd., S. 128.

8 Ebd., S. 127f.

9 Ebd., S. 133.

10 Vgl. Dannecker, *Freuds Dekonstruktion*, S. 101. Auch Foucault stimmt hier ausdrücklich zu, vgl. *Sexualität und Wahrheit I*, S. 101.

11 Freud, *Drei Abhandlungen*, S. 133.

12 Dannecker, *Freuds Dekonstruktion*, S. 101.

13 Ebd., S. 103.

14 Ebd.

15 Zur Würdigung des Wissenschaftlers vgl. Haeberle, *Alfred C. Kinsey als Homosexualitätsforscher.*

16 Kinsey, *Homosexuality: Criteria for a Hormonal Explanation of the Homosexual.*

17 Ebd., S. 426.

18 Kinsey u. a., *Das sexuelle Verhalten des Mannes.* Vgl. auch den zweiten Kinsey-Report: *Das sexuelle Verhalten der Frau.*

19 Kinsey u. a., *Das sexuelle Verhalten des Mannes,* S. 594.

20 Ebd., S. 617.

21 Haeberle, *Bisexualitäten,* S. 21.

22 Gebhard / Johnson, *The Kinsey Data.*

23 Haeberle, *Bisexualitäten,* S. 21.

24 Mary McIntosh, *The Homosexual Role,* S. 183.

25 Vgl. Gagnon / Simon, *Sexual Conduct.*

26 Gagnon, *The Explicit and Implicit Use of the Scripting Perspective in Sex Research,* S. 5.

27 Näheres über sein Leben und Werk in: Voß (Hg.), *Die Idee der Homosexualität musikalisieren. Zur Aktualität von Guy Hocquenghem,* sowie in: Marshall, *Guy Hocquenghem.*

28 Hocquenghem, *Das homosexuelle Verlangen.*

29 Ebd., S. 15.

30 Ebd., S. 14f.

31 Ebd., S. 15.

32 Ebd., S. 46.

33 Ebd., S. 13.

34 Ebd., S. 56.

35 Ausführlicher dazu mein Aufsatz: *Befreiung von der Homosexualität. Ein Kapitel Queer-Theologie in Auseinandersetzung mit Guy Hocquenghem.*

36 Gindorf, *Wissenschaftliche Ideologien im Wandel,* S. 143.

VI Identität und Begehren

1 Sigusch, »Es gibt so viele Geschlechter, wie es Menschen gibt«.

2 Den Ausdruck *Coming-out* hat wohl die amerikanische Schwulen- und Lesbenbewegung in den 1970er-Jahren der angelsächsischen Tradition der »Coming-out-Parties« des frühen 20. Jahrhunderts

entnommen. Auf solchen Partys wurden junge Frauen erstmals der Öffentlichkeit »vorgestellt«. Das europäische Pendant ist der Debütantinnenball. Mit der Zeit entstand die Vorstellung, dass das Coming-out eine »natürliche« Phase im Leben aller jungen Schwulen und Lesben sei. Vgl. auch Voß, *Prozessdenken und Homosexualität im Kontext von Naturwissenschaft und Pädagogik*, bes. S. 77–79. In Gesellschaften, die nicht nach Homo- und Heterosexualität differenzieren, gibt es auch kein Coming-out, d. h. keine Notwendigkeit, das Kennenlernen der eigenen Wünsche als Entdeckung der eigenen Andersartigkeit in einem oft traumatisch verlaufenden Prozess verarbeiten und nach außen vertreten zu müssen. Beispiele aus verschiedenen Kulturen und Zeiten finden sich bei Aldrich (Hg.), *Gleich und anders.*

3 Vgl. z. B. Gruen, *Der Fremde in uns*, Stuttgart 2000.

4 Boyarin, *Unheroic Conduct*, S. 90.

5 Halperin, *One Hundred Years of Homosexuality*, S. 44.

6 Vgl. Lautmann, *Homosexualität? Die Liebe zum eigenen Geschlecht in der modernen Konstruktion*, S. 26: »Eine homosexuelle Identität wird von der Person erst allmählich entwickelt: Sie ist nicht dispositionell angelegt, sondern Resultat einer aufwendigen *Arbeit.* Damit vollzieht jemand auf individueller Ebene die moderne gesellschaftliche Konstruktion der Homosexualität nach.« Vgl. auch Haeberle, *Bisexualitäten*, bes. S. 25–29.

7 Vgl. beispielsweise den Wikipedia-Eintrag unter https://de.wikipedia.org zur sog. Kießling-Affäre.

8 Boyarin, *Unheroic Conduct*, S. 91.

9 Ebd., S. 90. Vgl. auch die luzide Darstellung bei Katz, *The Invention of Heterosexuality*, S. 33–55.

10 Vgl. z. B. Serif, *Trans- und homophobe Gewalttaten erreichen Höchststand in Berlin.*

11 Vgl. Kap. V, Abschnitt 1: Sigmund Freud.

12 Sigusch, *Karl Heinrich Ulrichs*, S. 23.

13 McIntosh, *The Homosexual Role*, S. 184.

14 Vgl. Plummer (Hg.), *The Making of the Modern Homosexual.*

15 Vgl. Kap. V, Abschnitt 2: Alfred Kinsey.

16 Allerdings brachte die Bewegung mit fortschreitendem Erstarken auch eigene Geschichtsforschungen über bis dahin unbekannte historische und ethnologische Fakten hervor, die sich mit dem »naiven schwulen Selbstbild« (Haeberle) der Bewegung nicht vereinbaren ließen. Das *Journal of Homosexuality* wurde im Verlauf der

1970er-Jahre zunehmend selbstkritischer, rehabilitierte Kinseys Ansatz und führte seine Überlegungen sogar noch weiter (vgl. Haeberle, *Bisexualitäten*, S. 22).

17 Haeberle, *Bisexualitäten*, S. 22.

18 Der Historiker John D'Emilio meldet hier allerdings Zweifel an: Er rechnet die Erzählung, dass die schwul-lesbische Bewegung sich ihre Rechte selbst erkämpft habe, zu den gern geglaubten Mythen, die sich historisch kaum verifizieren ließen. In seinen Augen hat die Entwicklung des Kapitalismus mit dem Wachstum der Metropolen wesentlich mehr zur Entstehung der *gay identity* beigetragen als die Bewegung: Zehntausende junge Leute seien nach dem Zweiten Weltkrieg aus der Provinz in die Großstädte gezogen, hätten dort eigenes Geld verdient und sich der Kontrolle durch ihre Familien entzogen, was wesentlich zur Entstehung neuer Subkulturen beigetragen habe. Vgl. seinen Aufsatz *Capitalism and Gay Identity*.

19 Foucault, *Sex, Macht und die Politik der Identität*, S. 915.

20 Ähnliche Tendenzen sind in der Frauenbewegung zu finden, wo Gleichheitsfeminismus und Differenzfeminismus einander gegenüberstehen.

21 Vgl. *Menschenrechtsbeauftragte Amtsberg anlässlich des Internationalen Tages gegen Homo-, Bi-, Inter- und Transphobie*, online: unter www.auswaertiges-amt.de/de/newsroom/idahobit/2596868.

22 Quindeau, *Wie wird man heterosexuell?*, S. 5.

23 Ebd., S. 17.

24 Vgl. die zweite Abhandlung bei Freud, *Drei Abhandlungen zur Sexualtheorie*.

25 Quindeau, *Wie wird man heterosexuell?*, S. 13f. Im Kontext der gegenwärtigen Auseinandersetzungen um den sexuellen Missbrauch von Kindern mag dies ein Terrain sein, über das man sich scheut nachzudenken. Indes sollte man sich vor Augen führen, dass Erlebnisse bei der Pflege von Säuglingen, die einen unbewusst erotisch-sexuellen Charakter haben, und bewusste sexuelle Handlungen an Kindern vollkommen unterschiedliche Dinge sind. Letztere müssen strafrechtlich geahndet werden, wie auch Quindeau betont. Vgl. Quindeau, *Wie kommt die Lust in den Körper?*

26 Quindeau, *Wie wird man heterosexuell?*, S. 14.

27 Ebd.

28 Ebd., S. 13.

29 »Der Primat des Anderen ist die große Neuerung, die Laplanche in den psychoanalytischen Diskurs einbringt und die noch nicht

wirklich eingeholt ist. Er überwindet damit den subjektzentrierten Ansatz der Psychoanalyse, der bis in die gegenwärtigen Strömungen [...] fortbesteht.« – Quindeau, *Wie wird man heterosexuell?*, S. 8. Vgl. auch Jean Laplanche, *Die Allgemeine Verführungstheorie und andere Aufsätze.*

30 Quindeau, *Wie wird man heterosexuell?*, S. 8f.

31 Ebd., S. 15.

32 Vgl. ebd., S. 18f, sowie Ilka Quindeau, *Verführung und Begehren. Die psychoanalytische Sexualtheorie nach Freud*, Stuttgart 2008, bes. S. 45ff. Zum Vorgang der Umschrift vgl. auch ausführlicher dies., *Spur und Umschrift.*

33 Quindeau, *Wie wird man heterosexuell?*, S. 35.

34 Einen Überblick über die konkurrierenden Theorien gibt Voß, *Biologie & Homosexualität.* Vgl. des Weiteren Haeberle, *Bisexualitäten;* Ilka Quindeau, *Sexualität*, Gießen 2014; Eric Vilain u. a., *We used to call them hermaphrodites; Wolff, Bisexualität.*

35 Vgl. Quindeau, *Wie wird man heterosexuell?*, S. 37; ausführlicher dies., *Verführung und Begehren*, S. 225ff.

36 Quindeau, *Wie wird man heterosexuell?*, S. 37.

37 Freud, *Drei Abhandlungen*, zit. n. ders., *Psychoanalyse. Ausgewählte Schriften*, S. 133.

38 Vgl. Kinnish / Strassberg / Turner, *Geschlechtsspezifische Differenzen der Flexibilität der sexuellen Orientierung.*

39 Vgl. Quindeau, *Sexualität*, S. 99–101.

40 D'Emilio, *Capitalism and Gay Identity*, S. 12.

41 Foucault, *Sex, Macht und die Politik der Identität*, S. 909f.

42 Boyarin, *Unheroic Conduct*, S. 89. Meine zugegebenermaßen etwas unelegante Übersetzung »verschiedengeschlechtlicher Sex« steht für die amerikanische umgangssprachliche Wendung »straight sex«, die den Vorteil hat, nicht mit der Hetero- / Homo-Terminologie zusammenzuhängen.

VII Sich auf den Weg machen

1 Villalobos Mendoza, *Abgelegte Maskulinität.*

2 Graver, *The Manhandling of Maecenas*, S. 620.

3 Frilingos, *Sexing the Lamb*, S. 316.

4 Villalobos Mendoza, *Abgelegte Maskulinität*, S. 134.

Literatur

Aldrich, Robert: *Die Geschichte der Homosexualität*, in: ders. (Hg.), Gleich und anders. Eine globale Geschichte der Homosexualität, Hamburg 2007, S. 7–27

Arendt, Hannah: *Über das Böse. Eine Vorlesung zu Fragen der Ethik*, München/ Zürich 2007

Ariès, Philippe: *Paulus und das Fleisch*, in: Ariès/Bejin (Hg.), Die Masken des Begehrens, S. 51–54

Ariès, Philippe/ Bejin, André (Hg.), Die Masken des Begehrens und die Metamorphosen der Sinnlichkeit. Zur Geschichte der Sexualität im Abendland, Frankfurt am Main 1986

Augustinus, *Bekenntnisse*, übers. v. Kurt Flach u. Burkhard Mojsisch, Stuttgart 1989

Augustinus, *Der Gottesstaat*, lateinisch-deutsch, übers. v. Carl Perl, Paderborn/München/Wien 1999

Avalos, Hector: *Legal and Social Institutions in Canaan and Ancient Israel*, in: Jack M. Sasoon u. a. (Hg.), Civilizations of the Ancient Near East, Bd. 1, New York 1995, S. 615–631

Baldwin, James: *Von einem Sohn dieses Landes. ›Notes of a Native Son‹. Essays*, München 2022

Baltrusch, Ernst: *Die Juden und das Römische Reich. Geschichte einer konfliktreichen Beziehung*, Darmstadt 2002

Bastian, Brock/ Haslam, Nick: *Psychological Essentialism and Stereotype Endorsement*, in: Journal of Experimental Social Psychology 42 (2006), S. 228–235

Biale, David: *Eros and the Jews*, New York 1992, S. 40.

Bieberstein, Sabine: *Was die Bibel zu Homosexualität (nicht) sagt*, online unter: https://glaubenssache-online.ch/2021/08/26/was-die-bibel-zu-homosexualitaet-nicht-sagt

Bieler, Ludwig: *The Irish Penitentials and their Significance for the Sacrament of Penance Today*, Dublin 1963

Bola, JJ: *Sei kein Mann. Warum Männlichkeit ein Albtraum für Jungs ist*, München 2020

Boswell, John: *Christianity, Social Tolerance, and Homosexuality. Gay People in Western Europe from the Beginning of the Christioan Era to the Fourteenth Century*, Chicago/London 1980

Boyarin, Daniel: *A Radical Jew. Paul and the Politics of Identity*, Berkeley u. a. 1997

Boyarin, Daniel: *Are There Any Jews in »The History of Sexuality«?*, in: Journal of the History of Sexuality 5 (1995/3), S. 333–355

Boyarin, Daniel: *Den Logos zersplittern. Zur Genealogie der Nichtbestimmbarkeit des Textsinns im Midrasch*, Berlin/Wien 2002

Boyarin, Daniel: *Unheroic Conduct: The Rise of Heterosexuality and Jewish Masculinity*, in: Björn Krondorfer (Hg.), Men and Masculinities in Christianity and Judaism: A Critical Reader, London 2009, S. 82–95

Bray, Alan: *The Friend*, Chicago/London 2003

Brooten, Bernadette J.: *Darum lieferte Gott sie entehrenden Leidenschaften aus. Die weibliche Homoerotik bei Paulus*, in: Monika Barz u. a. (Hg.), Hättest du gedacht, daß wir so viele sind? Lesbische Frauen in der Kirche, Stuttgart 1987, S. 113–138

Brownmiller, Susan: *Gegen unseren Willen. Vergewaltigung und Männerherrschaft*, Frankfurt am Main Neuausgabe 2017

Burchard von Worms, *Burchardi Wormaciensis ecclesiae episcopi Decretorum Libri XX*, Decretum XIX, in: Jean-Paul Migne (Hg.), Patrologia Latina, Bd. CXL, Sp. 537–1058

Burnside, Jonathan P.: *Strange Flesh: Sex, Semiotics and the Construction of Deviancy in Biblical Law*, in: Journal for the Study of the Old Testament 30 (2006/4), S. 387–420

Carmichael, Calum M.: *Law, Legend, and Incest in the Bible. Lev 18–20*, New York 1997

Cohen, Martin Samuel: *The Biblical Prohibition of Homosexual Intercourse*, in: Susanne Scholz (Hg.), Biblical Studies Alternatively: An Introductory Reader, Upper Saddle River, N. J. 2003, S. 153–164

Crüsemann, Frank: *Die Tora. Theologie und Sozialgeschichte des alttestamentlichen Gesetzes*, München 1992

D'Emilio, John: *Capitalism and Gay Identity*, in: ders., Making Trouble: Essays on Gay History, Politics, and the University, New York/London1992, S. 1–16

Dannecker, Martin: *Freuds Dekonstruktion der sexuellen Normalität*, in: Queer Lectures 1 (2008/1–4), S. 79–107

Demurger, Alain: *Die Verfolgung der Templer. Chronik einer Vernichtung*, München 2017

Denzler, Georg: *2000 Jahre christliche Sexualmoral. Die verbotene Lust*, Weyarn 1997

Eger, A. Asa: *Age and Male Sexuality. ›Queer Space‹ in the Roman Bathhouse?*, in: Mary Harlow/Ray Laurence (Hg.), Age and Ageing in the Roman Empire, Portsmouth 2007, S. 131–151

Emcke, Carolin: *Wie wir begehren*, Frankfurt am Main 2013

Engberg-Pedersen, Troels: *Paul and the Stoics*, Louisville, Kentucky 2000

Feichtinger, Barbara: *Soziologisches und Sozialgeschichtliches zu Erotik, Liebe und Geschlechterverhältnis*, in: Plutarch, Dialog über die Liebe/ Amatorius, hg. von Herwig Görgemanns, Tübingen 2006, S. 236–273

Foucault, Michel: *Sex, Macht und die Politik der Identität*, in: ders. Schriften in vier Bänden. Dits et Ecrits, Bd. IV: 1980–1988, hg. v. Daniel Defert u. François Ewald, Frankfurt am Main 2005

Foucault, Michel: *Sexualität und Wahrheit. Bd. I: Der Wille zum Wissen* (1976), Frankfurt am Main 1983

Fredriksen, Paula: *Was bedeutet es, Paulus ›innerhalb des Judentums‹ zu sehen?*, in: Kirche und Israel 37 (2022), S. 124–150

Freud, Sigmund: *Drei Abhandlungen zur Sexualtheorie* (ursprgl. Leipzig/Wien ^{3}1915) zit. n. ders., *Psychoanalyse. Ausgewählte Schriften*, Leipzig 1990, S. 120–228, hier S. 132f.

Frilingos, Christopher A.: *Sexing the Lamb*, in: Stephen D. Moore/ Janice C. Anderson (Hg.), New Testament Masculinities, Atlanta 2003, S. 297–317

Gagnon, John: *The Explicit and Implicit Use of the Scripting Perspective in Sex Research*, in: Annual Review of Sex Research 1 (1990), S. 1–43

Gagnon, John/ Simon, William: *Sexual Conduct: The Social Sources of Human Sexuality*, Chicago 1973

Gebhard, Paul H./ Johnson, Alan B.: *The Kinsey Data: Marginal Tabulations of the 1938–1963 Interviews Conducted by the Institute for Sex Research*, Bloomington, IN 1979

Gemünden, Petra: Art. *Stoa*, in: Das Wissenschaftliche Bibellexikon im Internet (www.wibilex.de), 2012

Gerstenberger, Erhard: *Das dritte Buch Mose. Levitikus* (ATD 6), Göttingen 1993

Ghandour, Ali: *Liebe, Sex und Allah. Das unterdrückte erotische Erbe der Muslime*, München 2019

Ghandour, Ali/ Ulfat Fahimah (Hg.): *Sexualität, Gender und Religion in gegenwärtigen Diskursen. Theologie, Gesellschaft und Bildung*, Wiesbaden 2021

Gindorf, Rolf: *Wissenschaftliche Ideologien im Wandel. Die Angst vor der Homosexualität als intellektuelles Ereignis*, in: J. S. Hohmann (Hg.), Der unterdrückte Sexus. Historische Texte und Kommentare zur Homosexualität, Lollar 1977, S. 129–144

Graver, Margaret: *The Manhandling of Maecenas: Senecan Abstractions of Masculinity*, in: American Journal of Philology 119 (1998/4), S. 607–632

Greenberg, Steven: *Wrestling with God and Men: Homosexuality in the Jewish Tradition*, Madison/London 2004

Gruen, Arno: *Der Fremde in uns*, Stuttgart 2000

Grunert, Volker: *Lest Ihr ihnen die Leviten! Wen die »Homo-Texte« der Bibel wirklich im Blick haben*, 30. Dezember 2021, online unter: www.queer.de.

Haeberle, Erwin J.: *Alfred C. Kinsey als Homosexualitätsforscher*, in: Rüdiger Lautmann (Hg.), Homosexualität – Handbuch der Theorie- und Forschungsgeschichte, Frankfurt/New York 1993, S. 230–238

Haeberle, Erwin J.: *Bisexualitäten – Geschichte und Dimensionen eines modernen wissenschaftlichen Problems*, in: ders./Rolf Gindorf (Hg.), Bisexualitäten – Ideologie und Praxis des Sexualkontaktes mit beiden Geschlechtern, Stuttgart 1994, S. 1–39

Halperin, David M.: *Ein Wegweiser zur Geschichtsschreibung der männlichen Homosexualität*, in: Andreas Kraß (Hg.), *Queer denken*, S. 171–220

Halperin, David M.: *One Hundred Years of Homosexuality, and Other Essays on Greek Love*, New York 1990

Havryshko, Marta / Mühlhäuser, Regina: *Vergewaltigung als Kriegswaffe? Einige Überlegungen zu sexueller Gewalt im Krieg gegen die Ukraine*, online unter: www.geschichtedergegenwart.ch, 2022

Heicker, Dino: »… weil ich keine ›stumme Sünde‹ gegen die Natur begehen darf.« Die Anfänge des Autors und Übersetzers Karl Maria Kertbeny, in: Forum Homosexualität und Literatur (2007), Nr. 49, S. 59–85

Herdt, Gilbert/ Stoller, Robert J.: *Intimate Communications: Erotics and the Study of Culture*, New York 1990

Hergemöller, Bernd-Ulrich: *Sodom und Gomorrha. Zur Alltagswirklichkeit und Verfolgung Homosexueller im Mittelalter*, Hamburg 2000

Heschel, Abraham J.: *Gott sucht den Menschen. Eine Philosophie des Judentums*, Berlin [5]2000

Hieke, Thomas: *Kennt und verurteilt das Alte Testament Homosexualität?* in: Stephan Goertz (Hg.), »Wer bin ich, ihn zu verurteilen?« Homosexualität und katholische Kirche, Freiburg i. Brsg. 2015, S. 19–52

Hieke, Thomas: *Levitikus. Zweiter Teilband: 16–27* (HThKAT), Freiburg 2014

Hirschfeld, Magnus: *Die Homosexualität des Mannes und des Weibes*, Berlin [2]1920, S. XIV. Vgl. auch Sigusch, *Karl Heinrich Ulrichs*, S. 48.

Hirschfeld, Magnus (unter dem Pseudonym Th. Ramien): *Sappho und Sokrates, oder Wie erklärt sich die Liebe der Männer und Frauen zu Personen des eigenen Geschlechts?* Leipzig 1896

Hocquenghem, Guy: *Das homosexuelle Verlangen*, München 1974 (Originalausgabe: *Le désir homosexuel*, Paris 1972, Neuaufl. Paris 2000; dt. Neuausgabe unter dem Titel *Das homosexuelle Begehren*, Hamburg 2019)

Hoheisel, Karl: Art. *Homosexualität*, in: Reallexikon für Antike und Christentum, Bd. 16 (1994), Sp. 289–364

Janowski, Bernd: *Rettungsgewißheit und Epiphanie des Heils. Das Motiv der Hilfe Gottes »am Morgen« im Alten Orient und im Alten Testament*, Band I: Alter Orient, Neukirchen-Vluyn 1989

Janssen, Claudia: *Sexualität und Macht. Eine Lektüre von 1 Kor 6,12–20 im Kontext des Imperium Romanum*, in: Stefanie Schäfer-Bossart/Elisabeth Hartlieb (Hg.), Feministische Theologie – Politische Theologie. Entwicklungen und Perspektiven, Sulzbach 2012, S. 87–97

Jordan, Mark D.: *The Invention of Sodomy in Christian Theology*, Chicago/London 1997

Jost, Renate: *Frauenmacht und Männerliebe. Egalitäre Utopien aus der Frühzeit Israels*, Stuttgart 2006

Karahasan, Dževad: *Der Mut zur Skepsis. Über Literatur und Journalismus in Zeiten des Krieges*, im Internet unter: www.journalistenhelfen.org/karahasan

Katechismus der Katholischen Kirche, Neuübersetzung aufgrund der Editio typica latina, München u. a., korrigierter Nachdruck 2005

Katz, Jonathan Ned: *The Invention of Heterosexuality*, New York 1995

Keel, Othmar: *Jerusalem und der eine Gott. Eine Religionsgeschichte*, Göttingen 2011, 57–61

Kertbeny: Károly Mária (anonym): *§ 143 des preußischen Strafgesetzbuches vom 14. April 1851 und seine Aufrechterhaltung des § 152 im Entwurfe eines Strafgesetzbuches für den norddeutschen Bund. Offene, fachwissenschaftliche Zuschrift an Seine Excellenz Herrn Dr. Leonhardt, königl. preußischen Staats- und Justizminister*, Berlin 1869. Nachdruck in: Jahrbuch für sexuelle Zwischenstufen 7 (1905), S. I–IV und S. 3–66

Kinnish, Kelly K./ Strassberg, Donald S./ Turner, Charles W.: *Geschlechtsspezifische Differenzen der Flexibilität der sexuellen Orientierung*, in: Zeitschrift für Sexualforschung 17 (2004), S. 26–45

Kinsey, Alfred C. u. a.: *Das sexuelle Verhalten der Frau*, Berlin/Frankfurt am Main 1954 (Originalausgabe: *Sexual Behavior in the Human Female*, Philadelphia/London 1953)

Kinsey, Alfred C. u. a.: *Das sexuelle Verhalten des Mannes*, Berlin/Frankfurt am Main 1955 (Originalausgabe: *Sexual Behavior in the Human Male*, Philadelphia/London 1948)

Kinsey, Alfred C.: *Homosexuality: Criteria for a Hormonal Explanation of the Homosexual*, in: The Journal of Clinical Endocrinology 1 (1941/5), S. 424–428

Klauda, Georg: *Die Vertreibung aus dem Serail. Europa und die Heteronormalisierung der islamischen Welt*, Hamburg 2008

Knauf, Ernst Axel: Art. *Sodom und Gomorra*, in: Das Wissenschaftliche Bibellexikon im Internet (www.wibilex.de), 2007

Krafft-Ebing, Richard von: *Neue Studien auf dem Gebiete der Homosexualität*, in: Jahrbuch für sexuelle Zwischenstufen 3 (1901), S. 1–36

Krafft-Ebing, Richard von: *Psychopathia sexualis. Eine klinisch-forensische Studie*, Stuttgart 1886

Krafft-Ebing, Richard von: *Ueber gewisse Anomalien des Geschlechtstriebs und die klinisch-forensische Verwerthung derselben als eines wahrscheinlich functionellen Degenerationszeichens des centralen Nervensystems*, in: Archiv für Psychiatrie und Nervenkrankheiten 7 (1877), S. 291–312

Kraft, Dieter *Stoa und Gnosis. Anpassung und Verweigerung. Typologische Aspekte zweier antiker Ideologien im Zeitalter der griechisch-römischen Globalisierung*, in: Topos 15, Internationale Beiträge zur dialektischen Theorie, hg. v. Hans Heinz Holz u. Domenico Losurdo, Neapel 2000, S. 11–32

Kraß, Andreas (Hg.): *Queer denken. Gegen die Ordnung der Sexualität (Queer Studies)*, Frankfurt am Main 2003

Lampe, Peter: *Die stadtrömischen Christen in den ersten beiden Jahrhunderten. Untersuchungen zur Sozialgeschichte*, Tübingen [2]2019

Laplanche, Jean: *Die Allgemeine Verführungstheorie und andere Aufsätze*, Neuausg. Frankfurt am Main 2017

Lautmann, Rüdiger: *Homosexualität? Die Liebe zum eigenen Geschlecht in der modernen Konstruktion*, in: Helmut Puff (Hg.), Lust, Angst und Provokation. Homosexualität in der Gesellschaft, Göttingen/Zürich 1993; S. 15–37

Le Goff, Jacques: *Der Gott des Mittelalters. Eine europäische Geschichte*, Freiburg i. Brsg. 2005

Leuenberger, Martin: *Geschlechterrollen und Homosexualität im Alten Testament*, in: Evangelische Theologie 80 (2020/3), S. 206–229

Levy, Sheri R. u. a.: *Stereotype Formation and Endorsement: The Role of Implicit Theories*, in: Journal of Personality and Social Psychology 74 (1998), S. 1421–1436

Lutterbach, Hubertus: *Sexualität im Mittelalter. Eine Kulturstudie anhand von Bußbüchern des 6. bis 12. Jahrhunderts*, Köln 1999

Marshall, Bill: *Guy Hocquenghem. Beyond Gay Identity*, Durham, NC 1997

McIntosh, Mary: *The Homosexual Role*, in: Social Problems 16 (1968/2), S. 182–192

Morison, Alexander: *The Physiognomy of Mental Diseases*, London 1840

Nissinen, Martti: *Homoeroticism in the Biblical World: A Historical Perspective*, Minneapolis 2004

Norton, Rictor: *Mother Clap's Molly House. The Gay Subculture in England 1700–1830*, London 1992

Olyan, Saul M.: ›*And with a Male You Shall Not Lie the Lying down of a Woman*‹: *On the Meaning and Significance of Leviticus 18:22 and 20:13*, in: Journal of the History of Sexuality 5 (1994/2), S. 179–206

Paul von Ungarn, *Summa de poenitentia*, in: Bibliotheca Casinensis seu codicum manuscriptorum qui in tabulario casinensi asservantur series, Bd. IV, Monte Cassino 1880

Payer, Pierre J.: *Sex and the Penitentials. The Development of a Sexual Code 550–1150*, Toronto 1984, S. 135–139

Petrus Damiani, *Liber Gomorrhianus* (= Epistola 31), in: Kurt Reindl (Hg.), Die Briefe des Petrus Damiani (Monumenta Germaniae Historica 4), Bd. 1, München 1983, S. 284–330

Petzel, Paul/ Reck, Norbert (Hg.): Von Abba bis Zorn Gottes. Irrtümer aufklären – das Judentum verstehen, Ostfildern Neuausgabe 2021

Pickett, Ray: *Konflikte in Korinth*, in: Richard Horsley (Hg.), Sozialgeschichte des Christentums, Bd. 1: Die ersten Christen, Gütersloh 2007, S. 133–160

Plummer, Kenneth (Hg.): *The Making of the Modern Homosexual*, Totowa NJ 1981

Plutarch, *Dialog über die Liebe. Amatorius*, Tübingen 2006.

Pollatschek, Nele: *Deutschland ist besessen von Genitalien. Gendern macht die Diskriminierung nur noch schlimmer*, in: Tagesspiegel, 30. August 2020

Puff, Helmut: *Die Sünde und ihre Metaphern. Zum »Liber Gomorrhianus« des Petrus Damiani*, in: Forum Homosexualität und Literatur 21 (1994), S. 45–77

Puff, Helmut: *Sodomy in Reformation Germany and Switzerland. 1400–1600*, Chicago 2003

Quindeau, Ilka: *Sexualität*, Gießen 2014

Quindeau, Ilka: *Spur und Umschrift. Die konstitutive Bedeutung von Erinnerung in der Psychoanalyse*, München 2004

Quindeau, Ilka: *Verführung und Begehren. Die psychoanalytische Sexualtheorie nach Freud*, Stuttgart 2008

Quindeau, Ilka: *Wie kommt die Lust in den Körper? Die Konstitution des Sexuellen*, Vortrag bei AStA der TU Darmstadt, 23. Oktober 2013, online unter:

www.asta.tu-darmstadt.de/de/termine/1635-wie-kommt-die-lust-den-k%C3 %B6rper-die-konstitution-des-sexuellen-ilka-quindeau

Quindeau, Ilka: *Wie wird man heterosexuell? Neues vom Sexuellen aus psychoanalytischer Sicht*, in: Queer Nations 4 (2011), Nr. 10, S. 5–46

Raschi (Rabbi Schlomo ben Jizchak): *Raschis Pentateuchkommentar*, ins Deutsche übertragen von Rabbiner Dr. Selig Bamberger, Hamburg 1922

Reck, Norbert: *Befreiung von der Homosexualität. Ein Kapitel Queer-Theologie in Auseinandersetzung mit Guy Hocquenghem*, in: Voß (Hg.), Die Idee der Homosexualität musikalisieren, S. 77–100.

Reck, Norbert: *Der Jude Jesus und die Zukunft des Christentums. Zum Riss zwischen Dogma und Bibel*, Ostfildern [3]2021

Reck, Norbert: *Die Sünde von Sodom. Die Geschichte einer missverstandenen Erzählung der Bibel*, Radiofeature, Bayern 2 Radio, 20. 11. 2022

Reck, Norbert: *Gefährliches Verlangen. Die katholischen Diskurse über gleichgeschlechtliche Sexualität*, in: Concilium 44 (2008), S. 7–19

Richter, Emil Ludwig / Friedberg, Emil (Hg.): *Corpus Iuris Canonici, Bd. II: Decretalium Collectiones* (1922), Neudruck Graz 1955

Rocke, Michael: *Forbidden Friendships. Homosexuality and Male Culture in Renaissance Florence*, Oxford 1996

Said, Edward: *Orientalismus*, Frankfurt am Main [3]2012

Sanders, Ed Parish: *Paulus. Eine Einführung*, Stuttgart 2009

Sanyal, Mithu M.: *Identitti.* Roman, München 2021

Sanyal, Mithu M.: *Vergewaltigung. Aspekte eines Verbrechens*, Hamburg 2020

Scholz, Stefan: Art. *Homosexualität*, in: Das Wissenschaftliche Bibellexikon im Internet (www.wibilex.de), 2012 (Version 2018)

Schrage, Wolfgang: *Der erste Brief an die Korinther*, EKK VII/1, Neukirchen 1991, S. 425–436

Schroer, Silvia: *Jonatan liebte David. Freundschaft oder Liebe? Homoerotik in der Bibel aus feministischer und kulturgeschichtlicher Perspektive*, in: imprimatur 36 (2003), 4–12

Schroer, Silvia/ Staubli, Thomas: *Saul, David und Jonatan – eine Dreiecksgeschichte? Ein Beitrag zum Thema »Homosexualität im Ersten Testament«*, in: Bibel und Kirche 51 (1996/1), S. 15–22

Serif, Moritz: *Trans- und homophobe Gewalttaten erreichen Höchststand in Berlin*, in: Frankfurter Rundschau, 5. 12. 2022; online unter: https://www.fr.de/politik/trans-und-homophobe-gewalttaten-erreichen-hoechststand-in-berlin-91957338.html

Sigusch, Volkmar: *Es gibt so viele Geschlechter, wie es Menschen gibt*, in: ZEIT Campus Nr. 1/2018, 1. Februar 2018

Sigusch, Volkmar: *Karl Heinrich Ulrichs. Der erste Schwule der Weltgeschichte*, Berlin 2000

Staubli, Thomas/ Schroer, Silvia: *Menschenbilder der Bibel*, Ostfildern 2014

Stegemann, Wolfgang: *Homosexualität – ein modernes Konzept*, in: Zeitschrift für Neues Testament 2 (1998), S. 61–68

Stein, David E. S. (Hg.): *The Contemporary Torah*, Philadelphia 2006

Stendahl, Krister: *Der Jude Paulus und wir Heiden. Anfragen an das abendländische Christentum*, München 1978

Thoma, Lev Mordechai / Limbeck, Sven (Hg.): *»Die sünde, der sich der tiuvel schamet in der helle«. Homosexualität in der Kultur des Mittelalters und der frühen Neuzeit*, Ostfildern 2009

Töyräänvuori, Joanna: *Homosexuality, the Holiness Code, and Ritual Pollution: A Case of Mistaken Identity*, in: Journal for the Study of the Old Testament 45 (2020), S. 236–267

Ulrichs, Karl Heinrich: *Ara spei. Moralphilosophische und socialphilosophische Studien über urnische Liebe*, Leipzig 1865

Ulrichs, Karl Heinrich: *Critische Pfeile. Denkschrift über die Bestrafung der Urningsliebe*, Stuttgart/Leipzig 1879

Ulrichs, Karl Heinrich: *Memnon. Die Geschlechtsnatur des mannliebenden Urnings*, 2 Bde., Schleiz 1868

Urwin, Jack: *Boys don't cry. Identität, Gefühl und Männlichkeit*, Hamburg 2017

Veyne, Paul: *Homosexualität im antiken Rom*, in: Ariès/Bejin (Hg.), Die Masken des Begehrens, S. 40–50

Vilain, Eric u. a.: *We used to call them hermaphrodites*, in: Genetics IN Medicine 9 (2007/2), S. 65–66

Villalobos Mendoza, Manuel: *Abgelegte Maskulinität: Markus 14,51–52 in einer Lesart »del oltro lado«*, in: Concilium 56 (2020/2), S. 126–136

Voß, Heinz-Jürgen: *Biologie & Homosexualität. Theorie und Anwendung im gesellschaftlichen Kontext*, Münster 2013

Voß, Heinz-Jürgen (Hg.): *Die Idee der Homosexualität musikalisieren. Zur Aktualität von Guy Hocquenghem*, Gießen 2018

Voß, Heinz-Jürgen: *Prozessdenken und Homosexualität im Kontext von Naturwissenschaft und Pädagogik*, in: Zülfukar Çetin/ders., Schwule Sichtbarkeit – schwule Identität, Gießen 2016, S. 33–82

Wacker, Marie-Theres: *»Altes Testament« trifft »Theologische Frauen- und Geschlechterforschung«*, in: dies. (Hg.), Wozu ist die Bibel gut? Theologische Anstöße, Münster 2019, S. 257–276

Wacker, Marie-Theres: *»Und David küsste Jonathan …« Homosexualität und Bibel*, Vortrag in der Karl-Rahner-Akademie, Köln, 8. Januar 2011

Wells, Bruce: *On the Beds of a Woman: The Leviticus Texts on Same-Sex Relations Reconsidered*, in: Hilary Lipka/ Bruce Wells (Hg.), Sexuality and Law in the Torah (The Library of Hebrew Bible/Old Testament Studies), London 2020, 123–158

Wengst, Klaus: *Paulus und die Homosexualität. Überlegungen zu Röm 1,26f.*, in: Zeitschrift für Evangelische Ethik 31 (1987), S. 72–79

Westphal, Carl: *Die conträre Sexualempfindung, Symptom eines neuropathischen (psychopathischen) Zustandes*, in: Archiv für Psychiatrie und Nervenkrankheiten 2 (1870), S. 73–108

Wolff, Charlotte: *Bisexualität*, Frankfurt am Main 1981

Bibelstellenregister

Personenregister

Zum Autor

Norbert Reck, geb. 1961, Dr. theol., ist freier Autor und Übersetzer. Er ist Mitglied im Gesprächskreis Juden und Christen beim Zentralkomitee der deutschen Katholiken. Von 2000 bis 2016 war er verantwortlicher Redakteur der deutschen Ausgabe der internationalen Zeitschrift »Concilium«. Beiträge von ihm zur Queer-Theorie erschienen u. a. im Queer-Magazin »Siegessäule« (Berlin), in der Zeitschrift »Werkstatt Schwule Theologie« und im Info-Rundbrief der ökumenischen Arbeitsgruppe »Homosexuelle und Kirche« (HuK e. V.).

Von Abba bis
Zorn Gottes
Irrtümer aufklären –
das Judentum verstehen
Herausgegeben von
Paul Petzel und Norbert Reck im Auftrag
des Gesprächskreises Juden und Christen beim
Zentralkomitee der deutschen Katholiken
PATMOS